财经易文
www.ewinbook.com

供应链成本管理

（美）吉米·安克莱萨里亚 著
任建标 译

Supply Chain Cost Management

中国财政经济出版社

图书在版编目（CIP）数据

供应链成本管理：利用 AIM & DRIVE 流程获得卓越成果/（美）安克莱萨里亚（Anklesaria，J.）著；任建标译．—北京：中国财政经济出版社，2011.1

书名原文：Supply Chain Cost Management

ISBN 978-7-5095-2646-0

Ⅰ.①供… Ⅱ.①安… ②任… Ⅲ.①物资供应—物资管理：成本管理 Ⅳ.①F253.7

中国版本图书馆 CIP 数据核字（2010）第 237986 号

著作权合同登记号：图字 01-2009-2651 号

责任编辑：刘占彬　　封面设计：华乐功
版式设计：孙志云　　责任校对：孙志敏

Jimmy Anklesaria
Supply Chain Cost Management: The AIM & DRIVE Process for Achieving Extraordinary Results
ISBN 978-0-8144-7475-4

中国财政经济出版社出版
URL: http: //www.cfeph.cn
E-mail: win@ewinbook.com

社址：北京海淀区阜成路甲 28 号　邮政编码：100142
发行电话：010-88190406
三河市祥达印装厂印刷　各地新华书店经销
787×1092 毫米　16 开　13.5 印张　170 千字
2011 年 8 月第 1 版　2011 年 8 月北京第 1 次印刷
定价：35.00 元
ISBN 978-7-5095-2646-0/F·2248
（图书出现印装问题，本社负责调换）

供应链成本管理

本书献给我的妻子詹妮弗（Jennifer）、

我的儿子祖宾（Zubin）、

女儿贾丝明（Jasmine）和艾维·琳恩（Avi Lynn）

以及我的导师和朋友

吉恩·里克特（Gene Richter，1937 ～ 2003）

目 录

序　言

在 IBM 和摩托罗拉工作期间（1995 ~ 2005 年），有一个目标始终推动着我们：显著降低成本。挂在较低树枝上的果实已经被采摘完，但距离我们的目标仍然有很大的差距。我们需要一些新的想法，以便更上一层楼，使我们的品类团队能够形成突破性观念，从而为公司带来可持续的竞争优势。答案就是 AIM & DRIVE。我们在这两家公司都成功地实施了这一战略，并使供应链的成本降低了上亿美元。仅凭这一点，我就应该花些时间写这一序言。然而，AIM & DRIVE 流程的魔力在于：在降低成本的同时，我们还可以改善同关键供应商和内部客户之间的关系。

我记得有一次我们正在寻找降低营销手册和宣传单成本的方法。我们邀请了关键供应商和内部客户参加一个 AIM & DRIVE 研讨会。随着他们越来越理解利用 AIM & DRIVE 可以不必尔虞我诈或进行激烈的争论就可以降低成本，最初持怀疑态度的人不见了。我们一起提高流程的效率，节省了上千万美元。不仅供应商对效率更高的流程感到吃惊，连我们的内部客户也对这些纯粹来自流程改善的节约感到高兴，因为它不会降低创新流程的效率。

在本书中，吉米·安克莱萨里亚（Jimmy Anklesaria）将带领我们踏上 AIM & DRIVE 的奇妙之旅。不管你是总裁级的领导，还是高层管理者、中层管理者或是职能专家，你都面临着降低成本的压力。本书将为你提供一种经实践检验的方法，以推广扩展企业（你的客户和客户的客户、你的供应商和供应商的供应商）的集体智慧，并产生显著的成果。各章中的例子和故事读起来很有意思，它们为所有概念和步骤赋予了生命。我相信这些内容对你会非常有价值。

前两章讲解了这一流程的基础，概述了当前成本管理面临的一些问题，说明了为什么协作非常重要，并列出了成功实施这一流程的检查清单。本书的其他部分详细介绍了 AIM & DRIVE 流程。你将学到如何选择“恰当的”团队来制定战略，并对目标达成一致，如何找出关键成本，如何列出一份全面的成本驱动因素列表，如何制定战略以降低、改变或消除产生成本的活动，等等。

这一切似乎非常复杂，但 AIM & DRIVE 流程的优势就在于其简捷性。它不涉及复杂、耗时的数字和统计运算。它有助于推动快速、有效地形成突破性观念，企业中的任何人都能够加以利用。在学习完这一流程的 8 个步骤后，你会更加理解这一点。

我亲自见证过这一流程带来的显著成果。它使我们远离传统的成本会计、成本建模以及价格谈判。它更加强大，而且的确有效。看一看我的团队，真的令人兴奋。一个接一个的团队认识到了 AIM & DRIVE 流程的真正优势。看到他们与我们的关键供应商和内部客户进行密切合作以实现非常显著的成本削减，同时改善了各方的关系，真的太让人兴奋了。你一定会从本书中获得很多教益。

特里萨·麦蒂（Theresa Metty）

供应管理研究院董事会主席（2005 ~ 2007 年）

摩托罗拉公司前首席采购官

IBM 公司前采购副总裁

前　言

你曾经有多少次想要使你的公司成本降低 5%、10% 甚至 50%？成本管理是赢利能力的关键，同时也是成功的供应网络的关键。利用省下的钱，你可以建立一座新工厂，或开发一种新产品，或者令你的股东更加富有！要点在于，即使你不知道自己的公司在采购原材料、劳动力和物流方面花了多少钱——你信不信，大多数公司（包括一些优秀的公司）都不知道这笔支出有多少——你也可以通过管理运营的真实成本来实现显著的节约，就像本田、TRW、Delphi 和 John Deere 公司所做的一样。

成本管理的真正威力是在新部件、产品或服务的设计时即可了解真正的采购成本是什么——而不是事后根据市场确定的价格或不同供应商的报价确定的成本。这些“成本”很有可能并不代表甚至远高于利用本书提供的成本管理概念形成的最优生产成本。

这一成本管理理念是当今最强大的供应链管理理念。AIM & DRIVE 流程使你不必就价格进行谈判以实现节约，并有利于推广突破性成本解决方案。真正的成本管理与成本削减不同。任何人都可以削减成本。但是，业内最好的公司与其供应商进行艰苦的谈判、设立激进的目标，并利用一个明确的流程来管理供应链的成本。这类成本管理是使得丰田、本田、日产汽车公司比美国三大汽车巨头更具竞争力的主要原因。尽管大多数人将丰田、本田和日产汽车公司的成功归功于在生产装配运作中采用的“精益生产技术”，而实际上并非如此，因为在一辆汽车的成本中，有 75% ～ 80% 是采购成本，只有 20% 是内部成本。这三家日本汽车公司经常说：“有什么样的采购，就有什么样的公司。”（How goes Purchasing is how goes the company.）

由于汽车中 75% ～ 80% 的成本受采购控制，因而我们很容易理解为什么本书提供的成本管理技术可以为企业带来巨大的竞争优势。采购成本总是有很大的改善机会。实际上,只有进行全面的支出分析,并对成本管理的实施进行追踪,才能使自己的公司具有真正的竞争力。你可能会真的感到惊讶!

例如，一些汽车产业的分析师认为，一般来说，对于同类汽车，丰田、本田和日产汽车公司的采购成本平均比其美国竞争对手低1600美元。根据我在本田汽车公司美国制造厂采购部十多年的工作经验，这每辆车平均1600美元的优势是真实的。后来我为两家重要的汽车供应商工作了很多年，使我们得以从供应商的立场上看到完整的图景，从两个方面证明了这一事实。你的公司也可以获得同样的采购成本优势。谁不想享受这一成本优势呢?

遵循成本管理的概念，吉米·安克莱萨里亚讲述了公司如何获得并维持显著的成本优势。约翰迪尔（John Deere）等公司已经采用了这种方法。明智的公司每天都在应用这些概念——它们并非只是理论——使自己更具竞争力。我想你的公司一定也想具有这种战略竞争力吧。

戴夫·尼尔森（Dave Nelson）

本田、TRW、John Deere公司前供应管理经理

Powered by Honda、*The Purchasing Machine*、*The Incredible Payback*

等书籍的合著者

供应管理研究院名誉主席

新乡奖研究院和新乡奖理事会理事

2006年供应管理研究院 J. Shipman 奖获得者

致　谢

1983年9月，当我第一次从印度来到美国的时候，如果有人告诉我应该写一些供应链管理方面的书籍并在全球范围内讲授课程，我一定会笑得从椅子上掉下来。我是一名特许会计师（Chartered Accountant），相当于英国的注册会计师（Certified Public Accountant），并获得了法律学位，来到美国是为了在圣地亚哥大学攻读MBA学位。我希望多学一些国际商务、金融和营销方面的知识，然后回家继续经营家族企业。1984年，在一堂营销课上，我遇到了大卫·伯特教授，一切都开始改变了。伯特教授刚刚出版了一本书，书名为《积极的采购》（*Proactive Procurement*），他告诉我，尽管采购能够为企业带来增加值，但高层管理者并没有认识到这一点。显然，他对这一学科充满热情，并坚信这一学科在未来会前途无量。这深深地打动了我，一个拥有商务背景的人，一位管理和成本会计领域的专家，获得了法学学位，能够以不同的视角来看待采购与供应链管理。我开始更深入地学习采购这门专业，并与伯特博士和沃伦·诺奎斯特（Warren Norquist，当时担任宝丽来公司的采购副总裁）分享关于采购者如何利用成本会计和财务概念更好地进行谈判的观点。他们邀请我共同写作一本名为《零基定价》（*Zero Base Pricing*™: *Achieving World Class Competitiveness through Reduced All-in-Cost*）的书，该书于1990年由Probus Publishing公司出版。

在这本书出版以前，我就开始周游世界，向洛克希德（Lockheed）、哈里斯（Harris）、赫曼米勒（Herman Miller）、壳牌石油（Shell Oil）、泰克（Tektronix）、苹果计算机（Apple Computers）等公司传播这一观念。来自参加课程的学员的反馈非常积极，参加我的课程的人员都感到在谈判时比以前拥有了更多的成本知识。到20世纪90年代初，惠普（Hewlett Packard）、柯达（Kodak）、迪尔（Deere）、杜邦（DuPont）、伊莱克斯（Electrolux）等许多公司都接受了这一观念。越来越多的采购者利用零基定价进行谈判获得了更好的产品或服务的价格，为公司做出了贡献，并得到了认可。

然而，有些事情被忽视了。在理解了供应商的成本结构并利用价格和成本分析来谈判公平、合理的价格后，采购者似乎了遇上了难以克服的问题。1991 年秋天的某一天，我同惠普公司全球采购经理吉恩·里克特（Gene Richter）一起吃早餐，他鼓励我思考一下采购和工程部门如何与供应商协作以找出降低供应链成本的办法。这触动了我的一根神经，因为差不多在 5 年前，我和伯特博士一起写了一篇文章，发表于《采购与物料管理月刊》（*Journal of Purchasing and Materials Management*）上，讲的就是采购—工程部门的相互协作。来自工业领域的支持最令我振奋。当时，我决定提出一个新的流程，并准备再写一本书。我打算令这本书尽可能简单明了，以便使供应链的各个环节都能理解。在 AIM & DRIVE 流程成型之前，有一些反复，我在惠普、约翰迪尔和柯达公司进行了试点。来自采购方、工程师、客户公司的其他利益相关者甚至供应商的反馈都令人兴奋。是的，一项全新的供应链计划正在实施，协作正在代替对抗而获得令人难以置信的结果。1993 年 2 月，我开始写作一本书，以记录下 AIM & DRIVE 流程的 8 个步骤。

现在，时间已经是 2007 年了。周期时间的管理发什么了什么变化？随着越来越多的企业利用这一流程来降低供应链的成本，AIM & DRIVE 的推广速度越来越快。我马不停蹄地在世界各地飞来飞去，还要养家糊口，为圣地亚哥大学的研究生讲课，几乎没有时间写书。随着时间的推移，美国、欧洲、亚洲、拉丁美洲、澳大利亚和南非的公司都开始采用这一流程。我的夫人詹妮弗提醒我，那本书还没有写出来。因此，1997 年，我再次拿起了笔，但又一次放弃了。我的一天只有 24 个小时，而我需要 24 小时之外的时间来完成其他事情。

一系列不幸使我无法继续前进。2003 年，我失去了对我的生活影响很大的两个人。5 月份，我的父亲卡利（Kali）去世了。他教会了我解决复杂问题并用简明易懂的语言来解释事物的方法。他没有能够等到这本书的出版。后来，在那一年的 7 月份，我的导师和朋友吉恩・里克特也离开了这个世界，他是供应链管理领域真正的传奇人物之一。在于密歇根举行的吉恩的追悼会上，我遇到了帕特里西亚・穆迪（Patricia Moody）。她正在同吉恩、戴夫・尼尔森（Dave Nelson，Delphi 公司供应链副总裁）和特里萨・麦蒂（Theresa Metty，当时担任摩托罗拉公司的供应链经理）一起写一本书。我向她表示希望完成我的著作，并作为对吉恩・里克特的纪念，她答应帮助我。经过 3 年多全力以赴的努力，这本书终于出版了。能够在 AMACOM 出版这本书并由你作为本书的评论者是我的荣幸。我尝试着说出我的心里话，分享我的经验和世界各地应用这一流程的企业的经验。并不是只有精密、复杂的流程才能获得成功。我曾经尝试利用基于公式的成本法（Formula Based Costing）来以一种完全不同的方式看待成本的度量，以打破成本会计的束缚。利用基本的代数公式，世界各地的用户就能够在成本和成本驱动因素之间建立起一种因果关系。事实证明，AIM & DRIVE 流程可以用于任何产业，适用于任何类型的成本管理工作。你可以将它应用于价值数十亿美元的公司，也可以把它用在夫妻小店之中。常识是不受货币规模限制的。

在传播 AIM & DRIVE 的思想以及出版本书的过程中，许多人为我提供了帮助。我最好的朋友也是结婚 18 年的妻子詹尼弗一直是我的灵感来源、坚定的支持者、编辑和批评家，没有她的帮助，我无法完成这一任务。我的孩子祖宾、贾丝明、艾维一直保持着耐心和理解。我一直忙于在世界各地举办研讨会，然后又花了几个月的时间潜心完成本书，我希望能够对这一切做出补偿。

我还要感谢我的朋友和《零基定价》一书的合著者大卫・伯特博士，是他为我照亮了前进的道路，并为我提供了在一个对我来说全新的领域中脱颖而出的机会。

加州大学 Rady 管理学院的院长罗伯特・苏利文博士（Robert Sullivan）和副院长乔安妮・斯达（JoAnne Starr）使我有机会在

FlexMBA 项目中同研究生们分享我的热情和经验。现在，许多未来的 CEO、顶级保健专家、工程师、生物技术科学家、新兴企业的创办者等通过这一供应链流程获得了动力，他们将成为这一流程未来的传播大使。

在世界各地不同的公司中实施 AIM & DRIVE 的过程中，我的团队提供了巨大的帮助,他们使这一理论获得了生命。特别要提到的是，在这一流程建立的早期，桑吉特·门耐兹（Sanjit Menezes）是这一流程的宣传者。他帮助我提炼概念、提供有价值的反馈，并为我的研讨班编写案例。奥利弗·罗西（Oliver Rossi）开发了本书中的许多工作表，并在开发这一流程的电子学习课程中发挥了巨大的作用。丹尼斯·科沃克（Dennis Kwok）花费了无数的时间将图形、数字和工作表组织在一起。

我要特别感谢读者，感谢你们拿起这本书来阅读。我希望你能从这些信息、流程、工作表、检查清单中获益。如果拥有一个共同的、易于理解的、公平的流程，协作就会取得成功。这一点需要由你来证明，祝愿你付出的努力能够获得最大的回报。

第1章
引　言

1994年8月的一天，天气温暖怡人。这天下午，我回到了位于加利福尼亚德尔马（Del Mar）的家中。始于东京的这段长途飞行让我感到非常疲倦。正如我所料，录音电话中有一大堆留言信息。其中一条引起了我的格外注意。这条信息来自我的导师，同时也是我的好朋友，吉恩·里克特（Gene Richter，1937 ~ 2003年），当时他在惠普公司担任采购主管。他以其典型的若无其事的口吻在留言中说道："吉米，我是吉恩。我想让你在看到明天的《华尔街日报》（*Wall Street Journal*）之前知道这个消息——我已经接受了IBM的一份工作。这个挑战真的是太美妙了，让我无法拒绝。不管怎样，在你回来后，我们可以好好谈一下这件事。我一直期待着你的帮助，就如我在惠普公司工作时你给予我的帮助一样。"

自从1989年吉恩担任惠普公司的采购主管起，我就认识了他。他是我的行为榜样。在有关成本管理战略的问题上，"指导"类似他这样的人是一项殊荣。他是一个如此谦逊的人——不仅乐意听取一些年仅20多岁的晚辈的意见，而且有时候还在他随身携带的小卡片上记下我的想法和意见。

吉恩加入IBM公司，成为郭士纳（Lou Gerstner）重整团队的一员。IBM已经遭受了惊人的损失，并有传言说公司将会分裂。令人感到高兴的是，郭士纳看到了一个完整的IBM的价值，为其提供了"四海一家的解决之道"（solutions for a smaller planet）。他认识到，基本的商业等式并没有改变：收入 − 成本 = 利润。

郭士纳先生要求财务总监为他寻找一名"全世界最好的采购经理"。吉恩刚带领惠普公司获得了《采购杂志》（*Purchasing Magazine*）的专业卓越奖（Medal of Professional Excellence）。他曾于1988年在百得公司（Black & Decker）第一次获得这一奖项，此后于2000年在IBM再次获得此项荣誉。这使他成为唯一带领三家不同的公司获得此项殊荣的人。

当我询问吉恩的目标是什么的时候,他的回答并不让人感到惊讶:"我们能够在商业中屹立不倒、保持竞争力并获取利润的唯一办法,就是遵循以下这五个步骤:

1. 降低成本。
2. 降低成本。
3. 降低成本。
4. 降低成本。
5. 降低成本。"

在商业领域中,有明确答案的问题很少。但看看下面这个问题:"在降低成本方面,你的公司是不是面临着越来越大的压力?"其答案很可能是:"没错!的确如此!"

不论你是为摩托罗拉(Motorola)还是为诺基亚(Nokia)工作,抑或为惠普、IBM、雪佛龙(Chevron)、英国石油(BP)、福特(Ford)、本田(Honda)工作,答案都是一样的——降低成本对于公司的长期生存至关重要。不论你询问的对象是工程师还是采购员、生产者还是销售者,答案都是一样的,甚至连高层主管人员也不例外。每个人都在努力地降低成本。我们可以进一步向这些人询问下面这个问题:"你们当中有多少人真正了解自己公司的成本?"你可以想象一下你按下电视的暂停键和静音键时的情景。画面静止不动,也没有任何声音。重复一次这个问题,这次采取举手表决的方式:"有多少人可以诚实地说,你知道并理解在你所在组织中与运作相关的成本?"这次仍然是一片沉默。别指望看到足球场上的"人浪"。至多只会有 10% 的人举起手。请相信我。在过去的 15 年中,我调查了来自全球各类公司的数千名高管、供应链专家、供应商和工程师,结果都是一样的。超过 90% 的人感到了成本管理的压力,但只有不到 10% 的人能够诚实地说他们理解与产品、服务或与他们买卖的设备相关的成本。这就仿佛是大多数公司的经理派出他们的军队去征服一个未知的敌人,并且携带的是玩具手枪。如果要对大多数参与者(员工)都不理解的东西进行削减或管理,这可能吗?

可悲的是，大部分公司都只是在遭遇到利润或市场份额大幅下降时，才会意识到应该对成本进行管理。CEO 在发表公开声明时，有多少次声称公司将不遗余力地追求成本控制目标，以获取在全球市场上的竞争力？随后，混乱开始了。经理们匆忙地安排会议，并大声发布命令，而下属们则惊异地相互对视。在责任非常重大的岗位上的人怎么能够发出如此愚蠢的命令？然后，大家四散而去，什么也不做，或者去寻找修改命令的办法，或者去寻找一些借口和例外情况，如“你应该重视我们所做事情的隐藏价值，而不是仅关注于货币价值”就是最常见的说辞。

问题不在于成本无法管理，而在于成本极难准确定义。通常，“成本”的定义相互矛盾，这就造成了混乱和不合理的活动。唉，大多数高管都不能区分成本管理（cost management）和成本削减（cost cutting）之间的差异。大幅度削减人员预算、差旅费、培训预算或研发预算当然不是维持长期竞争力的正确方法。这种方法可能对州政府和联邦政府有效，但却不适用于进行全球竞争的公司。的确，在短期内这是有效的，但问问自己：“这是可以持续的吗？”看看通用汽车公司（GM）和斯科特纸业公司（Scott Paper）的情况吧。它们无情地削减成本，可结果如何呢？通用汽车正在破产的边缘摇摇欲坠，而斯科特纸业甚至已经不复存在——现在已经成为金佰利公司（Kimberly Clark）的一部分了。

我们需要的是经过深思熟虑的、合理的、可以贯彻实施的降低成本的战略。本书的目的在于为你和你的公司提供一种通过供应链来管理和降低成本的方法。这不是一件容易的事，需要做出重大的牺牲和妥协，需要改变经营模式，需要对政策进行变更。没有人喜欢改变。但是如果想保持竞争力，你就必须做出改变。好消息是，一些公司，如 IBM、惠普、摩托罗拉、诺基亚、T-Mobil、德州仪器公司（Texas Instruments）、飞利浦、雪佛龙、英国石油公司、英美资源集团（Anglo American）、水星海事装备公司（Mercury Marine）、第一资本金融公司（Capital One）、诺德斯特龙（Nordstrom）以及其他公司，已经踏上了成本管理之路。对于这些公司来说，迈出第一步就等于成功了一半。

如果我们不改变方向，我们就很有可能最终到达我们要去的地方。仔细考虑一下你的公司正在走向何方。对于如何保持收入增长，以及如何贯彻实施真正的成本削减战略，你有一个明确的路线图吗？有些高管认为他们的工作就是保证短期绩效，并在所有问题出现前离开公司。你也是这样的高管吗？这本书只是启动了引擎，而你才是司机。你必须沿着正确的道路前进以保持可持续的长期竞争优势。现在，就让我们一起踏上这次旅途吧。

第 2 章

成本管理的 AIM ＆ DRIVE 流程

成功的成本管理通常都是以一次项目启动会议作为开始，以确保所有人都能够统一目标。当我开始在 IBM 工作时，那次项目启动会议实际上是全球各地的采购经理和负责人第一次聚到一起。

尽管会议日程安排得很满，但还是给了我半个小时的时间做一次演讲。演讲开始时，我告诉他们：我站在这里，并不是一名学者、顾问，也不是一名采购专家，而只是一名关心 IBM 发展的股东。就在上周，我以 70 美元的平均价格买入了相当数量的 IBM 股票（在 2007 年分割股份后，其价格为 17.5 美元）。接着，我放映了一张吉恩·里克特以前使用过的幻灯片（如图 2.1 所示），以阐明领导力、组织架构和战略之间的关系。我在这张图的中间增加了一个新的部分。

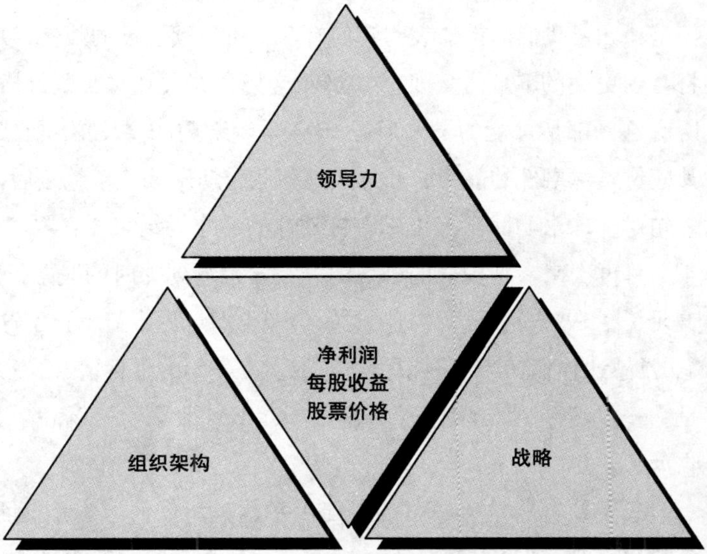

图 2.1　提高公司的底线

不论在组织中哪个部分工作，企业运营的一个共同目标就是股东财富最大化。至少这是他们在财务的基本常识中告诉我们的。股东财富是通过一段时间内股票价格的上涨来衡量的。那么，是什么因素推动股票价格上涨呢？有许多金融模型可以用来计算股票价格，但对外行人来说，推动股价上涨的是公司的每股收益（earnings per share，EPS）乘以市盈率（price/earnings，P/E）。正如你在图 2.1 中心三角区域的第一行看到的，提高股票价格的第一个因素就是增加净收益。这意味着公司要么在保持成本稳定或降低成本的同时增加收入，要么在保持收入稳定或增加收入的同时降低成本。但是，商学院里的老师没有告诉你的是，对于那些不具备持续增加收入或降低成本能力的企业来说，“市场”对它们也不会友好。自从我和 IBM 的采购人员谈话时起，我就一直在强调这一点。对于在 IBM 采购部门工作的我们来说，如何才能帮助公司将一流产品和优质服务传递给我们的顾客呢？如何才能在长期中保持下去呢？如果我们能够和我们的供应商一起努力，利用他们的知识和经验，那么我们将可以增加 IBM 的净利润率。这也将增加每股收益（尤其当 IBM 在那时回购许多股票之后）。如果 P/E 值保持不变，那么仅仅通过增加 EPS，IBM 的股票价格就会上升。但是，如果我们向市场表明我们有一个可持续发展的战略，那么市场将会以更高的 P/E 值来回报 IBM，这将会放大其对股票价格的影响。所有这些都是可能的——但是 IBM 采购部门的文化必须改变，提高其应付紧急事件的能力，并且实施一些长期发展战略。最后，我用了一句对全球采购团队来说具有挑战性的话作为结束语：“当我在 1997 年 5 月再次来参加同样的会议时，我希望看到那时的股票价格为 160 美元。”在 1997 年 5 月，我演讲时的第一张幻灯片上显示出了这样的话：“非常感谢你们实现了股票价格挑战 160 美元的目标”，而下方的签名是“一位满怀感激的股东”。前一天，IBM 股票价格以高于 170 美元收盘。

我能预言股票价格可能是出于幸运，但任何人也不能否认 2000 年 IBM 获得了《采购杂志》（*Purchasing Magazine*）的专业卓越奖（Medal of Professional Excellence）这个事实，而这一奖项仍然是最佳采购的基准。“秘密的方程式”谈不上是一个真正的秘密。IBM 所拥有的是强大的和具有远见的领导层。“方程式”的下一部分是整合正确的组织架构。在几个月内，里克特成立了 12 个商品委员会［Commodity

Councils，即品类团队（category teams）］以进行直接采购，同时成立了差不多同样数量的团队进行间接采购。这些团队是跨职能的和全球性的。在这一架构中有一名监察专员，其任务是确保供应商受到公平的待遇。最后一部分是制定一个包括战略外包、战略成本管理以及世界级电子采购战略在内的全面战略。领导力、组织架构和战略成就了世界一流的 IBM。

我的另一个客户是英美资源集团（Anglo American）。IBM 的故事给他们留下了深刻的印象，他们同样希望能够获得更多有关降低供应链成本的具体战略措施。英美资源集团面对的情况是：其许多商品价格低廉，并且南非兰特（rand，南非货币单位——译者注）不断下跌。公司已将成本作为其迫切需要解决的问题，并指派一名执行副总裁来实施世界级的采购和成本管理战略。当这名副总裁征求我的意见时，我给他画了一张图，如图 2.2 所示。

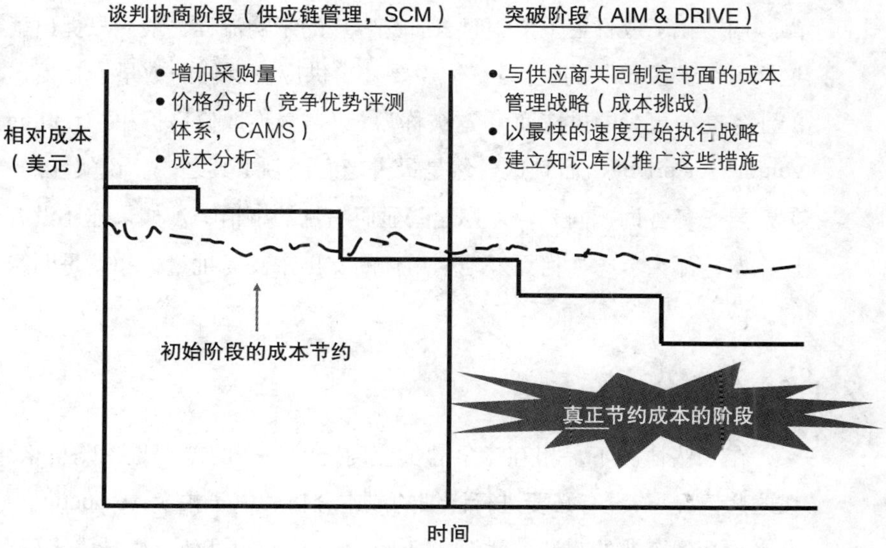

图 2.2　从增加采购量到措施的推广

我解释说，每一位 CEO / COO 都希望采购总监（Chief Procurement Officer）在 2 ~ 3 年内节省数百万美元。现在的问题是，他们不知道如何实现这个目标，也不知道这种情况是否可以持续。

下面是一些有助于实现这些成本节约的基本步骤。在有关成本管理的谈判中，大部分公司的表现都是相当不错的。尽管这是一种很好的控制成本方式，但还不够。除了谈判协商之外，在某种程度上公司的运营也必须做出一些改变，以找到突破性的解决方案，使得公司更加具有竞争力。

2.1 在获得突破性方案之前

在开始认真地改变采购流程之前，公司肯定已经部分或全部采取下列措施：增加采购量（leveraging volume）、价格分析、成本分析。

2.1.1 增加采购量

现在，如果我告诉你下面的事实，你千万不要吃惊：许多公司花费了数百万美元雇用“精品顾问”(boutique consultants)，而这些“精品顾问”花了成百上千个小时去研究客户的采购流程，最后只提出了这样一个“杰出”的观点：“你需要减少供应商群体的数量，把更多的业务交给更少的供应商。”这被称为“以数量换取价格折扣”(trading volume for price)，而且这显然是最古老的谈判工具之一。说实在的，你需要一名咨询顾问来告诉你这些显而易见的事情吗？如果你还没有这么做，那么考虑如何更好地利用你的支出来获得批量折扣就是明智的。

2.1.2 价格分析

在某些情况下，相互竞争的供应商之间唯一的差别是采购价格。在这些情况下,没有必要进行详细的成本分析。电子拍卖（e-auctions）越来越受到企业的欢迎。然而,我们仍然需要使用其他一些技术手段，如竞争优势评测体系（Competitive Advantage Measurement Systems, CAMS）。CAMS 用市场的指标作为参考来衡量公司的价格。让我们以两位不同的经理为例（一位是旅行社经理，另一位是金属铸件生产经理）。假设目标是让价格降低 6%。旅行社经理方面显示成本上升了 3%，而金属铸件生产经理表示节约了 9% 的成本。你认为在大多数公司中将会发生什么情况？旅行社经理很可能被解雇，而金属铸件生产经理将获得晋升，或者得到丰厚的奖金。现在，如果我告诉你，在同一时期内，金属铸件价格下降了 15%，而旅游价格上升了 8%，情况又如何呢？那么，金属铸件生产经理只不过使公司的竞争优势下降了 6%，而旅行社经理则帮助公司获得了比行业平均值高 5% 的优势。这就是为什么公司要利用经过仔细选择的市场指标为参照来监控所有需要支付的主要品类价格的原因。每隔三年，你可能需要进行一次“绝对竞争力”（absolute competitiveness）研究，以认真挑选出的同行业或其他行业类似规模的公司作为参照，来比较和改进自己的价格与生产流程。

2.1.3　成本分析

正如我们在前面看到的，你无法对你不理解的东西进行有效的管理。为了理解供应商价格的成本结构以确定该价格是否公平、合理，必须进行成本分析。以下是一些成本模型：

1. 应该成本（should cost）模型，覆盖了从行业成本概况到具体流程成本的模型。
2. 价格规则（price discipline）模型，用于决定供应商要求改变价格的情况。
3. 整体拥有成本（total cost of ownership，TCO）模型，代表了发生在产品、服务或设备生命周期内的所有成本的现值。

这些谈判方法有助于使一家公司更接近各管理层设定的成本节省目标。问题是在此之后该做些什么。如果你的首席采购官利用上述一个或多个谈判策略就实现了长期目标，那么这仅仅意味着目标设定得不够高。因此，我们必须为下一阶段的成本管理制定规划，即找出突破性的解决方案。

多年以来，我看到过许多公司试图超越谈判，去谋求更大的成本节约。它们主要是通过召开跨职能团队的头脑风暴会议以便集思广益，有时候会请供应商参加，有时候则不请。在某些情况下，他们实现了预期目标，而在其他情况下则徒劳无功。出现这样情形的原因，就在于缺乏一个有条理的、系统的、易于操作的流程。现在，在 AIM & DRIVE 流程的指导下，你也能够实现突破性的成本节省。

在开始这个流程之前，我们需要首先认真思考一下我们为什么会陷入今天的困境。历史往往会重演，所以回顾历史会为我们提供很大的帮助。

2.2 历史回顾与展望

2.2.1 20 世纪 50 年代：美国制造业的黄金时期

第二次世界大战后，除了美国之外，世界上其他国家都花费了 10 多年的时间才使得基础设施得以重建。虽然美国自诩为世界上最重要的工业化国家，但日本、联邦德国、法国、英国以及欧洲和亚洲的其他国家也一直在投资于新的机械和技术。这些国家大都从美国采购。强大富庶的美国市场消化了这些国家所有用以出口的产品。20 世纪 50 年代的确可以被称为是美国重工业的黄金时代——从机械设备到飞机、火车和汽车等。

2.2.2 20 世纪 60 年代：其他国家奋起直追

20 世纪 60 年代，当美国沉迷于猫王、甲壳虫乐队、伍德斯托克音乐节和大麻中时，欧洲和亚洲则继续向世界级制造业的方向迈进。尽管如此，美国依然占据着统治地位。大多数美国企业家认为，世界上其他国家只是在“利用我们提供的资金和技术”进行追赶。没有人费心去关注美国公司使用的是几十年前的、大部分经过修补翻新的机器，也没有人注意到日本和德国的制造业正在取得突飞猛进的发展。凭借更新的设备，以及工作努力、积极的劳动力队伍，这些国家的生产率和产品质量得到了很大提高。“全球竞争”的基础在这些第二次世界大战战败国仍然非常贫瘠的土地上逐渐形成了。

2.2.3　20 世纪 70 年代：可怕的竞争诅咒

随后而来的就是动荡的 20 世纪 70 年代。除了 1973 年的石油危机和两位数的通货膨胀外，美国消费者身边充斥着低成本、高品质的商品。从汽车到船只，从高保真音响设备到重型机械设备，从手表到电子设备，繁多的选择令人不可思议。而最糟糕的是，这些产品并不是美国制造的。想想吧！没错，整个世界已经变成了一个巨大的市场，而消费者非常喜欢这种情况。

但并非每个人都愿意看到这种情形。在全国各地的董事会中，美国的主管们正在抚慰着他们受伤的骄傲之心并寻求解决的办法。经过大量的指责、与优秀企业进行比较和头脑风暴后，他们为这些问题找到了一个出人意料的解决方案——质量！

2.2.4　20 世纪 80 年代：答案是质量吗？

进入 20 世纪 80 年代后，美国重新树立了自己引领工业化世界的信心。那些在早期冷落了质量管理大师的公司现在开始赎罪，毫不羞涩地开始追随那些质量管理专家，如已故的爱德华·戴明（W. Edwards Deming）博士、约瑟夫·朱兰（Joseph Juran）、道林·谢宁（Dorian Shainin）、菲利普·科劳士比（Philip Crosby）等。全面质量管理（Total Quality Management，TQM）的时代来临了。上至 CEO，下至一线工人，每一个人都在学习 TQM、实验设计（DOE，Design of Experiment——真正的赢家）、统计过程控制（Statistical Process Control，SPC——尾巴摇狗，即本末倒置）、准时制生产（Just-In-Time，JIT）、质量功能配置（Quality Functional Deployment，QFD），以及并行工程（Concurrent Engineering，CE）。令人惊讶的是，公司在狂热地投入力量对工人进行培训的同时，还会有时间来贯彻实施质量管理。

马尔柯姆·鲍得里奇国家质量奖（Malcolm Baldrige Quality Award）最初强调的是实现和传播质量准则。摩托罗拉（Motorola）、施乐（Xerox）、凯迪拉克（Cadillac）、旭电（Solectron）、Zytec 等公司不仅仅是通过各自公司自身的努力，而且还通过大量减少其供应商数量而推动了质量管理理念的传播。今天，任何一家宣称有竞争力的公司都会认为，大多数供应商（如果不是全部的话）都是质量管理坚定的信奉者和实践者。而那些不实行质量管理的公司最终会被市场无情地淘汰。

对于美国质量管理持批判态度的人最好去看看摩托罗拉（Motorola）的六西格玛（Six Sigma）、施乐（Xerox）的品质领导（Leadership Through Quality）、坦能（Tennant）的零缺陷计划（Zero Defect Program），或者是惠普（Hewlett-Packard）、哈雷摩托车公司（Harley-Davidson）、赫曼米勒（Herman Miller）和德州仪器（Texas Instruments）在产品质量管理领域实现的长足进步。这样的例子还有很多。虽然质量管理还有很长的路要走，但是如果一家公司在今天依然缺乏竞争力，那么它没有理由再以质量问题作为借口。

2.2.5 20世纪90年代：我们能够再造一切

接下来，我们进入了20世纪90年代，这十年可以被称为是再造和裁员的十年。在这十年中，首次出现了通过供应链来管理成本的合理方法。有一些大师［如迈克尔·哈默（Michael Hammer）］宣称，如果要想使企业更具竞争力，那么企业就必须进行流程再造和流程简化。例如，一些公司，如IBM、德州仪器、惠普、柯达、杜邦、迪尔、本田、飞利浦等发现，与关键供应商进行协作可以使得流程得以改善，并获得突破性的成本解决方案。而有些公司，如通用汽车（GM）和斯科特纸业（Scott Paper），将其短期的注意力集中于削减成本，而忽视了供应商积极参与成本管理所带来的收益。那些提供尖端技术和高质量产品的供应商受尽折磨，只是为了迫使它们将其产品价格降低几个百分点。价格“屠夫”们称之为“边缘策略”（brinkmanship，即将某危险政策推行到安全的极限——译者注）。事后看来，这些举措应该被称为“愚蠢”。在20世纪末，我们关注的是e-采购（e-procurement，即电子采购）。虽然大多数公司并不知道它们真正想要的是什么，但都喜欢在某种事物前加上个“e”，这看起来确实很“酷”。

2.2.6 21 世纪：因特网力量的崛起

在世纪交替之际，新兴国家（如中国和印度）为世界提供了拥有高学历的劳动力，而成本只是发达国家的 1/3，这对美国、欧洲和日本的地位构成了威胁。在因特网提供的更加平等的环境下，印度从原先廉价的数据输入地区成长为业务流程外包（business process outsourcing，BPO）、设计中心（design centers）、生物研究（biological research）、软件工程解决方案（software engineering solutions）甚至是医学鉴定（medical evaluation）的天堂。不仅仅是印度和中国，随着巴西、俄罗斯、保加利亚以及其他东欧和中欧国家的贸易壁垒不断降低，这一列表会不断加长。

现在，我们已经进入了 21 世纪。哪些因素能够使你的企业在激烈的竞争中脱颖而出呢？是技术，还是质量和可靠性？也许是交货速度？抑或是卓越的客户服务？或者你认为你的公司是行业中唯一从事电子商务的吗？亲爱的读者，答案在于：今天，频繁的技术创新与突破、高品质、可靠性、准时交货、优质的客户服务和电子商务只不过是在全球争夺市场份额的先决条件。今天的客户希望可以从供应商那里获得这些东西，更确切地说，是要求得到这些东西。而且在世界各地，已经有许多公司通过了这场有关技术、质量、可靠性、交货、服务和电子商务的“预赛”。

那么，为什么客户应该选择你的公司呢？

如果你去购买手机，那么你的选择将是摩托罗拉（Motorola）、诺基亚（Nokia）、三星（Samsung）、LG（Lucky Goldstar）、索尼—爱立信（Sony-Ericson），或者是三洋（Sanyo），而不是其他品牌。这些全都是世界级的大公司。它们都希望能够赚到你的钱。最后你会选择谁呢？在未来数年中，唯一的区别就是成本。那些可以通过整个供应链最好地管理其成本的公司，会为你带来最新的技术、最好的产品质量，并以低于其他公司的价格按时交货。它们也将最终赢取你的青睐。排在第二位的公司将什么也得不到。

2.3 什么是成本管理?

既然你对历史发展过程有了大致的了解，那么也许你应该认真地考虑一下如何推进这些突破性解决方案的实施。如前所述，合乎逻辑的下一步是设计出一个可以帮助你通过供应链来管理成本的流程。没有理由认为这个过程将十分复杂。成本管理的 AIM & DRIVE 流程简明易懂，具备可执行性，共有八个步骤。

2.4 八步流程概述

先让我们大致看一看 AIM & DRIVE 流程的总体情况（如图 2.3 所示）。

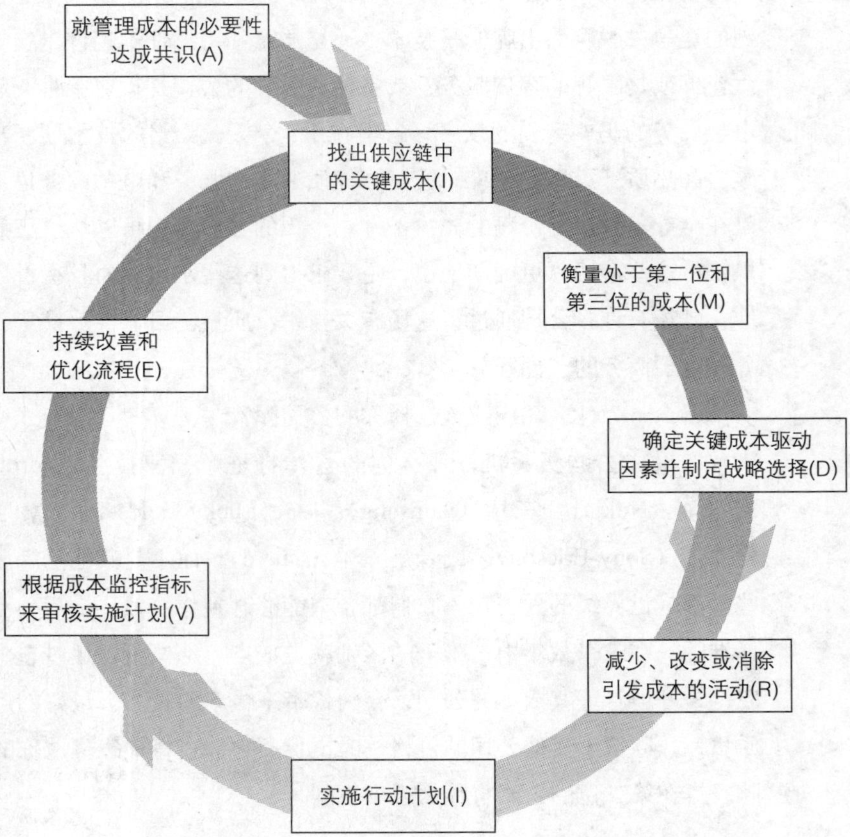

图 2.3 AIM & DRIVE 流程

2.4.1　第一步：就管理成本的必要性达成一致

如果只是打算放在书架上积攒一些尘土，那么我们就不必浪费宝贵的时间去制定成本管理策略。在进行下一步之前，你要问自己："我是否有兴趣通过供应链来管理成本，从而与我的供应商和客户一起变得更具竞争力？"如果答案是肯定的，那么你就可以准备实施其余的步骤。第一步的工作包括选择项目，成立一个包括关键供应商、内部和外部利益相关者在内的跨职能团队，并从不同的角度确定团队目标。你需要从供应链中尽快找到志同道合的公司。而且，你至少在其他竞争供应链上的企业共同采取行动之前，就要开始领导整个供应链展开 AIM & DRIVE 流程。

2.4.2　第二步：找出供应链中的关键成本

那些我们不理解的成本就是难以管理的成本。第二步的工作涉及理解供应链的现金流。供应链中仅有一次资金注入。成本管理团队的工作是确定现金如何在你的公司和供应商之间流动。尽管许多公司不愿意同其客户讨论成本构成，但这一步却是对于合作关系的真正考验。没有人希望暴露自己所有的秘密。但是，除非每个人都明白供应链中哪些环节会产生成本，否则我们会越来越难以确定哪些成本是需要进行详细分析的关键成本。

2.4.3　第三步：衡量处于第二位和第三位的成本

一旦我们通过供应链找到了各种成本，下一步就可以利用一个度量过程去衡量每一种主要成本或次要成本。这是到目前为止成本管理中最困难的部分，但也是一个至关重要的部分。请记住，没有经过度量的成本是无法进行管理的。问题是：度量成本的最佳方法是什么？从某种程度上说，传统的方法甚至是现代成本核算体系（cost accounting systems）也未能帮助这些系统的使用者很好地"管理成本"。我们将使用一种常识性的方法，叫做基于公式的成本法（Formula Based Costing）。我发明这种方法，仅仅是因为我对于现有的成本核算体系非常失望。我将在第 5 章中更详细地说明这种方法。

“基于公式的成本法”的目标是利用代数方程式来产生一个成本驱动因素清单。一个成本驱动因素是对一种引发成本的活动的度量，代表了一种活动和某一成本之间的“因果联系”。这就意味着某一特定活动的变化应该会导致由这项活动所引发的成本的变化。

2.4.4 第四步：确定关键成本驱动因素并制定战略选择

度量成本最困难的部分是找到一系列成本驱动因素。在流程的第三步中完成了这一工作后，下一步就是要选择一个或多个驱动因素作为关键成本驱动因素。选择一个驱动因素作为关键成本驱动因素可以由跨职能团队完成。我们可以通过观察的办法来进行选择，或者是使用矩阵的方法来进行选择。矩阵的方法在第 6 章中会有更加详细的阐述。下一步，我们的注意力将集中于根据选出来的成本驱动因素来制定一系列战略选择。战略选择能够告诉我们是什么原因造成了某个成本驱动因素的值发生变化。事实上，这就是你的想法数据库。

2.4.5 第五步：减少、改变或消除引发成本的活动

我们不可能挥动一下魔杖就令成本消失。在第四步中确定了关键成本驱动因素后，你需要列出一系列战略选择，并制定战略声明(strategy statement)。然后，我们要从不同的角度对每一个战略声明进行严格的风险—收益分析（risk-benefit analysis），以找出潜在的战略。战略是切实可行的计划，我们不宜将其设定得过于复杂或晦涩深奥，否则就失去了有效性。一个有用的战略将会减少、改变或消除一个或多个成本驱动因素。我们的讨论应该集中于某项特定活动的变化造成的影响。如果要降低成本，我们就必须消除或减少某些活动。否则，这些成本只会转移到另一个会计账目中，或被世界上那些具有创造性的会计师重新分配。

2.4.6 第六步：实施行动计划

与确定战略和制定战略声明一样，对于成本管理来说，制定一项

执行计划也是至关重要的。战略是一种思想，而实施计划是将这些思想转化为行动的方式与手段。这一阶段主要是为每个战略声明制定必要的行动计划。行动计划包括确定谁做什么、如何做以及何时做。的确，为了获得成本管理的好处，我们甚至需要对企业的高层管理者进行重新安排。为什么呢？因为在这个阶段，我们非常容易放弃一个项目，而去“扑灭其他地方的大火”。

显然，执行计划的目的是成功地实施某项特定战略。我们持有高度的乐观，期待着所有的战略都能够顺利实施。而墨菲定律（Murphy's Law，即“会出错的事总会出错”）总是一次次地证明其有效性，并阻碍你成功地实施战略。因此，我们在执行计划中增加一个维度将是非常明智的，即建立应急计划：在提出的战略未能实现预定目标时需要实施的替代战略。

2.4.7　第七步：根据成本监控指标来审核实施计划

优秀的战略常常无法实现其真正的潜力，这种情况太常见了。你可能想知道其中的原因。也许是有了一个更好的主意。不过，这是不太可能的。根据我的经验，一个计划的失败是因为没有人去审核和监控流程的进展情况。根据成本监控指标来审核实施计划的目的，是确保我们不仅仅基于完成了行动计划列表中的某一项来衡量行动，而是要根据某个特定成本驱动因素的数值变化所造成的影响来衡量。

2.4.8　第八步：持续改善和优化流程

成本管理是一次漫长的旅行，而不是一个终点。类似于全面质量管理，这次旅行永远也不会结束。根据前面阐述的 7 个步骤，如果成本管理流程对于一组关键成本或次要成本的管理与控制是有效的，那么此时就可以对其他成本、成本驱动因素或战略选择开展类似的工作。我们没有时间停下来去享受玫瑰的芳香。请记住，提高与改善的方法是没有专利的。如果你取得了成功，你的竞争对手将会紧随你的脚步，采取同样的策略。所以，我们不能浪费时间。你需要保证自己比竞争对手领先一步。

2.5 AIM & DRIVE 流程的准备工作

在实施 AIM & DRIVE 流程、迎接成本挑战（cost challenge）之前，做好充分的准备工作是至关重要的。我之所以将其称为“成本挑战”，是因为为了降低供应链中的成本，流程的设计超出了协商谈判的范畴。团队已经多次详细审查了这个流程，他们对于这个流程的价值和方法十分赞赏，但遗憾的是，他们选错了项目，或者是引入了错误的供应商，或者是未能从企业内找到正确的利益相关者，或者是没有收集到正确的信息。为了确保你的团队不会犯这些错误，你需要做到以下几点。

1. **得到最高管理层的支持**。最高管理层对 AIM & DRIVE 流程的承诺和支持对于这一倡议的成功是至关重要的。在第 10 章中，我们将会讨论各层次管理者的必要参与程度。各级管理者不仅要传递出强烈的支持信息，而且还要亲自参与。这就要求其“言出必行”。如果新想法层出不穷，并要求员工和供应商去接受，那么他们就会被搞得焦头烂额。那些期望在 AIM & DRIVE 流程中扮演核心角色的供应链领导者应该与 CEO、CFO 和其他主管约定时间召开一次会议，借此向他们展示通过合作的方式来降低产品成本或服务成本的优势，并向他们指出获得成功所需的支持程度。他或她还应该与研发部门、营销部门、运营部门、工程部门以及其他重要职能部门的主管一起，处理好公共关系。毕竟，AIM & DRIVE 流程的成功在很大程度上取决于参加战略制定会议的人员，而且你也希望保证这个团队是一个跨职能的团队。

2. **选择关键品类和各品类的顶级供应商**。人们经常提出的问题是：哪些品类最适合于实施 AIM & DRIVE 流程？我看到过不止一种品类因这样或那样的原因不适合采用这一流程。就在我认为自己已经见识过所有情况时，令我兴奋的情况出现了。例如，在迪尔公司的时候，我曾经带领一个由健康医师所组成的团队，与迪尔公司合作，去降低一般医疗成本，特别是心脏病的医疗成本。那真是一段美好的时光。内科医生、外科医生和管理人员向我们讲授降低事故发生率的方法，以及预防医学（preventive medicine）的重要性，这对于我们这些分析人员来说是一笔宝贵的财富。那些成功实施 AIM & DRIVE 流程的公司之所以取得成功，就在于它们一开始就确定了从哪些品类开始。在一些品类上获得成功以后，再推广到其他品类。对于每一个主要品类或子品类，我们都必须选择正确的供应商参与战略制定。供应商的选择可以依据与特定供应商间的业务量，或者依据两者间的关系水平。一些大供应商不愿意与客户分享成本信息，或者是分享节约成本的想法。相反，较小的供应商为了获得业务而乐意去做客户要求的事情。在许多情况下，我注意到较小的供应商会派出对公司运营非常熟悉的决策者来参加 AIM & DRIVE 会议。很多时候，公司的所有者或创始人都参与到团队中。较大的公司往往出于应有的尊重，让全球客户经理、区域客户经理、客户关系经理和销售人员组成团队，而这些人可能并不是制定突破性解决方案的理想人选。如果目标是利用延伸企业（extended enterprise）的内在能力，那么对于每个主要品类或子品类邀请一个以上的供应商加入将是明智的举措。一些公司可能对于每个品类选择两个关键供应商，而我也看到过一些公司选择多达 12 家供应商。IBM 选择了 14 个空运、海运和地面运输的关键供应商，参加在墨西哥瓜达拉哈拉（Guadalajara）召开的 AIM & DRIVE 流程研讨会。起初，看到竞争对手坐在同一会议室中，我有些吃惊。但是他们知道，作为 IBM 首选的供应商，他们需要合作以使 IBM 的物流流程更有效率——而我们正是要采用 AIM & DRIVE 流程来达到这个目的。大家的回应令人惊讶。我还从来没有看到有这么多的公司在其竞争对手面前提出如此多的宝贵意见。他们都意识到是在为同一家客户服务。所以，选择正确的供应商，并让他们派出适当的人员，是你成功实施 AIM & DRIVE 流程战略所必需的。并且，这些恰当的人员还必须抱有正确的态度。

3. **向客户 / 供应商团队领导层进行简要介绍**。在为 AIM & DRIVE 流程的实施选定了品类与供应商后，我们需要对每个品类的领导层和供应商代表进行简要介绍。吉恩·里克特总会邀请 IBM 关键供应商的领导人与商品委员会的领导人一起参加一个为期半天的会议，制定他们各自的成本管理战略。在会议上，他会对所有应邀而来的供应商明确地发出一个信号，希望他们能够协助 IBM 为客户提供最佳的解决方案。除了技术、质量、交货、服务水平等因素之外，成本被认为是一个重要的差异化因素。然后，我会向他们简要地介绍流程、期望和时间安排。我们还会进行一次案例研究，这样 IBM 的人和供应商都会获得关于这个流程的实际经验。这些经验能够帮助他们决定选择什么样的人员来参加 AIM & DRIVE 流程制定会议，以及选择什么样的会议主题。今天，很少有公司愿意资助这样的会议，所以我们借助远程会议的方式来向供应商和团队领导者简要介绍公司的期望，并概述 AIM & DRIVE 流程。

4. **确定资源需求**。一家公司必须深入到 AIM & DRIVE 流程之中，并充分理解其所需的资源，才能使这一流程顺利实施。为了很好地完成这项工作，你需要选择恰当的人员组成一个团队，并为此制定预算。同时，供应商也需要就此达成一致。当两家公司都希望节约交通成本时，我们就无法安排买方和销售人员进行面对面的会谈。如果问题出在这里，那么我们最好是让恰当的人员在远程会议中解决整件事情。随着技术的进步，远程会议越来越流行。不过，我仍然坚持认为面对面的会谈是最好的办法，尤其是第一次会议。然而，我理解人们面临的时间和预算约束。一家大型电子产品制造商问我，能不能在两年内帮助他们在全球范围内对所有品类实施 AIM & DRIVE 流程。这家公司的供应商和品类团队遍布全球各地，但主要分布在美国和亚洲。同时，我也被告知，公司已经冻结了出差旅行。所以，即使有必要，他们也无法派工程师参加会议。我们曾经在中国进行过一次尝试，当时身在美国的一位关键的工程师无法出席会议。事后证明这简直就是一场灾难。在认识到让恰当的人员出席会议的重要性后，我提出，如果公司可以将从制定战略到资助剩下的项目所节省的资金中拿出 2% 供团队支配，那么我就可以为 3 ~ 4 名关键人员提供差旅费（当然，最后公司需要报销这笔费用）。他们采纳了我提出的意见。在第一次与电池供应商的成本挑战中，团队在 4 个月内取得了节约 970 万美元费用的成绩。供应链的副总裁设法说服了 CFO 拿出这笔费用中的 2% 再次投入到团队和剩下的项目中。这就类似于给发动机加满了燃料。

在不到两年的时间内，公司节约了超过 10 亿美元的费用。再也没有人去质疑为 AIM & DRIVE 流程提供的差旅费预算了。只有财务部门和人力资源部门做出承诺，AIM & DRIVE 流程才能成功实施。在开始踏上 AIM & DRIVE 的旅程之前，人们需要认真地思考这一承诺。

5. **对 AIM & DRIVE 流程的参与者进行培训。**在得到高层管理人员的支持、选定了供应商并对其进行简要介绍、得到了提供所需资源的承诺后，下一步的工作是对 AIM & DRIVE 流程中的团队人员进行培训。我看见过多种培训方式。有一种方法被德州仪器（TI）、IBM、柯达（Kodak）、杜邦（DuPont）、迪尔、水星海事装备（Mercury Marine）、惠普（Hewlett-Packard）、安捷伦（Agilent）、飞利浦等公司所采用。这些公司会召开一次为期两天的会议，并邀请 4 ～ 8 个供应商团队参加。在第一天，我会用 2/3 的时间把 AIM & DRIVE 流程和模板从头到尾讲一遍，同时列举很多例子，并让每个人进行一个案例研究，从而使他们能够熟悉这些模板。接下来，各团队进入各自的分组讨论室，开始着手将这个流程应用到其项目中。在第二天结束的时候，我们会将团队重新召集在一起，由各团队向主管和其他团队做一个报告。有时，如果某个团队不愿意在竞争对手面前分享自己的战略，我们就会让他们在分组讨论室里单独陈述，或者是让其竞争对手在全体会议期间暂时离开。

诺德斯特龙（Nordstrom）、摩托罗拉、诺基亚、雪佛龙、英美资源和其他一些公司的做法是举办一个为期一天的培训班，随后将有几周的准备时间，然后同参加这一培训班的供应商进行一对一的成本挑战。这显然要花费更多的时间和资源，但是详细程度得到了明显提高。

有了这本书，对团队的培训就不应该再有问题。在读完整本书之后，你应该能够积极地参与到使用 AIM & DRIVE 流程进行成本挑战的活动中去。随后的 8 个章节将会逐步向你介绍具体的 AIM & DRIVE 流程。让我们卷起袖子，参与到 AIM & DRIVE 协作流程中去，以降低供应链中的成本吧。

AIM & DRIVE 流程准备工作检查清单

- ❑ 找出在从增加采购量到推广各种想法这一过程中所处的位置。
- ❑ 确定你是否已经为 AIM & DRIVE 的开展做好了准备。
- ❑ 向最高管理层进行展示，以得到他们的支持。
- ❑ 选择关键品类和各品类的顶级供应商。
- ❑ 向利益相关者和关键供应商发出邀请。
- ❑ 向 AIM & DRIVE 流程中的客户 / 供应商团队领导者进行简要介绍。
- ❑ 确定资源需求（包括资金和人员）。
- ❑ 对参与者进行培训。
- ❑ 安排战略会议。

第 3 章

就管理成本的必要性达成共识

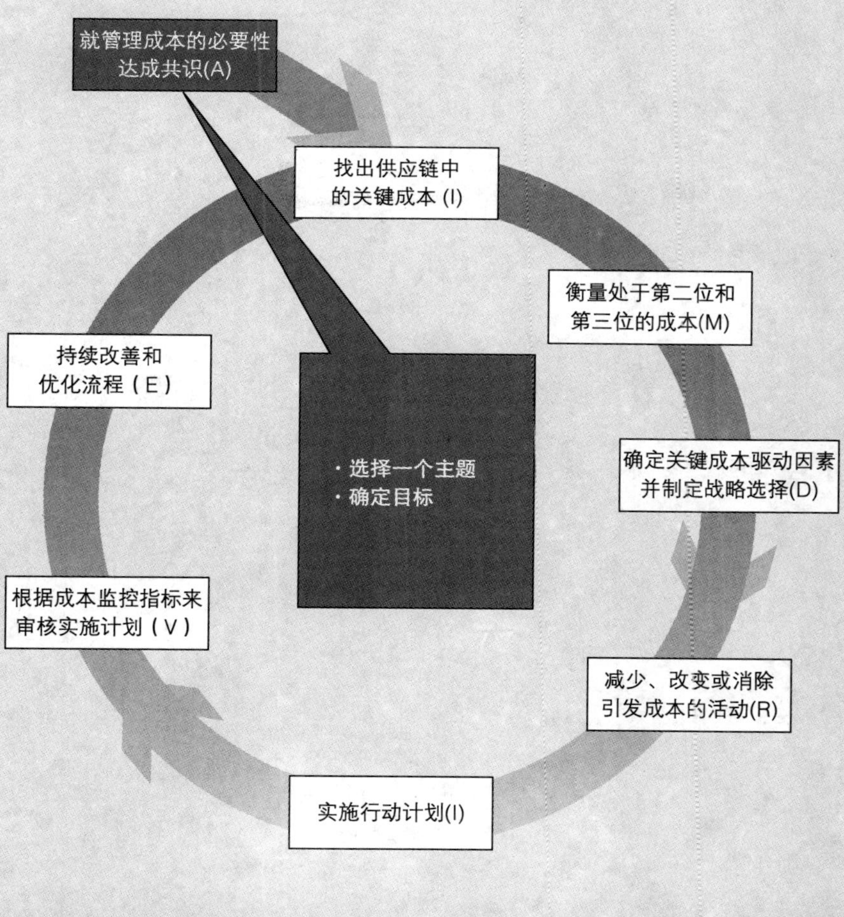

如果供应链的各个环节没有认识到管理成本的必要性，而且不能共同努力来削减供应链中的成本，那么根本就无法进行成本管理。我们需要各方面的共同努力，做出牺牲，最终改变经营方式。

3.1　什么是战略？

在过去的一周中，你参加了多少次会议？在这些会议中你听到人们提到了多少次“战略”一词？我敢打赌，次数一定不少。实际上，我们在商业中经常使用一些行话，是因为它们听起来很“酷”或者“很专业”。但在很多情况下，我们并没有真正理解这些专业行话的意义和内涵。

“战略”这个词可以定义为实现某一目标或结果的计划或方法。它是一系列想法、行动及方法，可以指导一个团队、组织、公司或者供应链达到一个共同的、预先确定的目标。中国古代的一位将军孙武在其著名的《孙子兵法》一书中将战略比喻为河水（夫兵形象水）。水沿着一个明确的方向流动——只能向低处流，流入一个更大的水域（水之形，避高而趋下）。在这个过程中，拥有共同关注点的想法和成员会加入到这个团队中，并沿着相同的方向流动——一些支流和小河流汇入大河中，并沿着大河的方向流动。当出现问题的时候，战略团队会求助于事先确定的行动计划以解决这个问题，并利用创造性和灵活的方法来应对意料之外的情况——当河水遇到石头或者其他障碍时，它会在其四周寻找其他路径，甚至形成大峡谷。战略的目标应该进行明确的定义，而且所有成员都必须理解这一战略目标——河流有一个明确的终点，或者是流入湖泊，或者是汇入海洋。最后，像河水一样，一个优秀的战略不会仅仅因为在前进的道路上遇到了障碍就后退或者消失。

在 AIM & DRIVE 流程中，团队的第一项工作就是从不同的角度明确制定其目标。有人希望将目标设定为降低一种产品或者服务的财务成本，但这样的目标是不够的。团队中的其他成员对成本的看法可能大不相同。营销部门可能希望能缩短产品上市的时间，生产部门可能认为保证稳定的生产流非常重要，而物流部门则可能希望库存水平尽可能低。最终要实现的目标是团队的综合目标，而不是某个特殊利益团体或职能部门的目标。

3.2 我们真的需要战略吗？

很多管理者都认为管理成本不需要战略。很不幸，这些管理者都是在谈判盛行的时代成长起来的。你仍然不得不去阅读飞机上各种杂志中的广告，这些广告鼓励毫无戒心的读者去进行有效的谈判。这些广告声称："你不是得到你应得的部分，而是得到通过谈判所争取到的部分。"然后很多管理者就会说："阿门。"如果你是为了购买一辆二手车进行谈判，或在香港地区的小巷子里同一个试图把一块仿真的劳力士手表卖给你的小伙子进行谈判，那么这些谈判技巧或许有用。大部分世界级的供应商不会选择一个寻找便宜货的客户。为什么呢？因为一个被认为是世界级的供应商，其门外肯定有很多客户在排队等待，每个客户都渴望成为其指定的客户。

"挥舞斧头乱砍"的时代已经成为过去。你不可能期望通过居高临下地下达命令来削减成本。"降低人均成本，减少差旅费，削减培训费用，压缩研发开支，降低供应商的利润，减少，减少，减少……"在竞争激烈的市场中，供应链要想获得成功，就必须有一个共同的关注点。考虑一下供应链各环节有哪些共同的关注点。减少利润不可能是共同的关注点。我从来没有听到一个公司这样说："请减少我的利润吧，因为我挣得太多了，这太痛苦了。"你听到过吗？一条成功的供应链会关注这一链条的生命线，即最终客户。正是这些最终客户，在他们购买产品或者服务的时候，将钱投入到供应链中。这听起来像是可怕的资本主义，但正是金钱才使得整个商业世界得以运转。试一试在没有金钱流入的情况下经营一家企业。现在，我们都应该感谢最终客户——并且尽我们所能，让他们一次又一次地把口袋里的钱拿出来。

顾客满意（customer satisfaction）的概念正在让位于顾客愉悦（customer delightment）。使顾客愉悦就是在提供产品和服务时要具备领先的技术、世界级的品质、卓越的服务、每次送货都很准时、具有社会和环境意识，而且这一切都要以低于竞争供应链的成本实现。

3.3　没有最好，只有更好

在世界各地旅行的时候，我见识过各种各样的公司。我注意到一个非常有趣的现象：在各自市场中领先的公司是那些制定了成本管理战略的公司。IBM、惠普、摩托罗拉、诺基亚、雪佛龙、英国石油、英美资源集团、德州仪器、迪尔等公司都是各自行业中的领先企业。它们采取了一些战略性的措施，包括 AIM & DRIVE 流程，来与自己的关键供应商一起制定明确的成本管理战略。你可能认为这些公司会固步自封，只计较自己的得失。不。这样做意味着忘记了希腊、罗马、英国甚至美国的前车之鉴。这些国家都曾经各领风骚，成为一时的贸易和商业领导者。然后，它们开始不思进取，而其他国家则奋起直追，并且把事情做得更好。当这些国家醒来的时候，为时已晚。在商业世界中，排名第一的公司总是会成为竞争者效仿的标杆。为什么不呢？你不可能希望一个公司去效仿同行业中最差的公司，对不对？你可以称之为复制、效仿、竞争分析、标杆学习或者其他政治上正确的新术语。你的工作永远都应该是发现排名第一的竞争者在做什么。复制它，然后做得更好。当日本这样做的时候，美国人不停地抱怨。我们称之为不公平贸易。今天，我们做得更露骨，并称之为“向标杆学习”。一名学生从一篇文章中转录文字时，他会被指责为“剽窃”。而一名教授做同样的事情时，就被称为“研究”。多么虚伪啊！

3.4 在供应链中体现领导力

供应链中的很多公司都不愿意谈论成本。一个原因可能是多数公司并没有真正理解自己的成本。看看本书的导言部分，就能很容易地理解这一点。这就需要一个领导者将供应链整合在一起。这位领导者应该愿意分享供应链的理念，即联合起来制定和执行成本管理战略，而不会涉及各自的机密。请记住，在制定成本管理战略时，你不必共享详细的成本数据，但必须分享相关信息，并愿意为实现降低供应商和客户成本这一共同目标而努力。

我曾经有幸与一些最好的公司进行协作，时间长达近 20 年。德州仪器公司就是可以作为供应链成本管理流程标杆的企业之一。早在 20 世纪 90 年代，面对来自一个关键客户的压力，德州仪器公司开始认真地制定一个在供应链中实施成本管理的流程，而不是等到那位客户要求的时候才开始降低成本。高层管理者接受了在两年内实施这一流程的挑战。1993 年 8 月，我就成本管理的必要性向全球商品管理团队发表了演讲。我向他们概述了 AIM & DRIVE 这一方法，并鼓励他们放弃传统的成本削减方法。到 12 月，我们得到了副总裁的支持。在 1994 年的前 8 个月中，在全球范围内，600 多名德州仪器公司的员工接受了 AIM & DRIVE 培训。当我们确信这些信息已经传达给那些与供应商打交道的大部分员工时，我们就开始将重点转向培训供应商。

从 1994 年 8 月开始，来自美国、亚洲和欧洲的约 100 家供应商的高层管理者被邀请到达拉斯接受为期两天的 AIM & DRIVE 流程培训。我们的目标是使供应商了解这个过程，并在告诉他们德州仪器公司希望战略供应商怎样做的同时，了解他们希望怎样做。得到这些管理者的认同之后，1995 年成为了"实施的一年"。在各个部门高层管理者的支持下，我们在全世界举行了 18 次研讨会。到现在为止，将近 200 个供应商代表理解了这种方法，并且与德州仪器公司制定了共同的成本管理战略。

从供应商那里得到的反馈最令人鼓舞。虽然很慢，但是德州仪器公司正在坚定地与关键供应商建立一种全新的关系：这种关系建立在相互尊重和欣赏的基础上，可以使双方都获得竞争优势。很多怀疑者说这样做不会有效，尤其是与日本人的合作。我们证明了他们是错误的。有 60 多家日本供应商参与了 AIM & DRIVE 研讨会，并实施了这一战略，节省了数百万美元。

一些供应商更进一步。在认识到成本管理是一种潜在的差异化源泉之后，一些供应商将 AIM & DRIVE 流程用于其主要客户，以进一步降低供应链成本。这些节约有时使得直接客户获益，有时则使得最终客户获益。你认为一个从中获益的客户会去寻找其他供应商吗？应该不会。

德州仪器公司并不是唯一一个在供应链中表现出领导力的公司。吉恩・里克特在 IBM 公司的供应商中实行了成本管理战略，在两年中节省了 50 多亿美元。IBM 是率先将这些战略推广到营销与沟通部门（Marcom）支出中的公司之一。IBM 全球采购部门的营销与沟通委员会用了很长时间来使营销部门的同事相信，这个流程可以令他们更好地管理其高达数十亿美元的支出。当时人们对 AIM & DRIVE 流程有一些怀疑。但营销主管们最终相信了这个流程是有效的。IBM 的营销与沟通部门业务主管组织了一系列的研讨会，在研讨会上我们讨论了广告、贸易展览和一些特殊的活动。尤为重要的是，在很多情况下，IBM 公司没有削减预算，而是用与以前相同的预算购买了更多的广告时间。IBM 和供应商们都认为这个流程使他们的运营更加高效，并且成功地巩固了各方之间的商业关系。飞利浦、英美资源集团、诺德斯特龙、水星海事装备公司、伊士曼柯达、杜邦、亚利桑那公共服务公司（Arizona Public Service）和约翰迪尔公司也开展了类似的工作。这些公司在其各自的供应链中体现出了领导力。通过激励供应商与自己合作而不是采用谈判的方式，它们取得了前所未有的成功。

3.5 促进正确的决策流程

上面提到的所有公司都在各自的供应链中与其关键供应商分享了 AIM & DRIVE 流程。任何时候它们都不会这样威胁其供应商：你们必须按照这个流程跟我们合作，否则……相反，这些公司邀请关键供应商的高级主管来讨论 AIM & DRIVE 流程。如果供应商出于某种原因反对 AIM & DRIVE 流程，那么它们可以提出其他管理成本的流程。然而，有些供应商仍然拒绝这样做，它们是想借此向客户公司清晰地传递一种信息：它们认为没有必要管理成本，并且也不信任与客户公司的合作关系。

你也许会奇怪："为什么你要坚持实施一种管理成本的流程，难道现有结果还不够吗？"从短期来看，你也许不需要这个流程。但是，一个流程就像是把供应链各个组成部分串起来的一条线。特别是遇到不景气的时候，一个共同的、为大家接受的、可操作的流程将有助于制定正确的决策。另外，在一个组织内和不同公司之间，成本对不同的人意味着不同的东西。一个公认的成本管理流程是阻止链条上的"特殊利益群体"把决策流程引向相反方向的唯一方法。

3.6 建立信任和尊重

将 AIM & DRIVE 流程运用到供应链中需要制定很多规则。引入这个流程的那些公司首先会怀着很大的疑虑看待这个流程。有时候，即使供应商或者客户同意采用该流程来工作，仍然需要鞭策这些团队在正确的轨道上实施各自的计划。

没有人喜欢规则。事实上，当你还是个孩子的时候，你要记住的仅仅是严厉的父母或者管教你的老师。当他们管教你的时候，你难道不恨他们吗？那你现在是怎么想的？对我而言，我很高兴有过这些接受管教的经历，也尊敬那些管教过我的人。这种对于规则看法的变化，对供应链也是一样。很多参与 AIM & DRIVE 流程的供应商都认为，它们唯一的遗憾就是没有早一点参与这个流程。

3.7 成本管理战略的目标

虽然成本管理战略关注的是削减成本，但显然在长期来中会存在不可避免的成本上升时期。如果不是这样的话，那么照这样削减下去，从理论上说，在某个时点上，你将可以免费获得供应商提供的产品或者服务。正如我在前面所说的，AIM & DRIVE 流程的第一步是同意对成本进行管理。只要你的供应链成本一直低于竞争对手的供应链成本，你就拥有了持续的竞争优势。这意味着在经济景气的时候，如果你的价格跟你的竞争对手相同，那么你就可以获得更高的利润。而如果遇到市场不景气，你的损失也将比你的竞争对手少，从而生存下来。

那么，你现在准备好开始这个流程了吗？让我们加入 Anything 公司（以下简称 A 公司）的这个团队吧。他们正面临着在 Zigmo 项目上成本超支的问题。

A 公司的故事

从前有一家公司叫 A 公司。有一天，A 公司的一款产品 Zigmo 上市了，售价 300 美元。这款产品针对的是 200 ~ 600 美元的低端市场。Zigmo 的销路很好，预计至少在未来三年内每年可以售出 1000000 件。其成本估算如下：

1. 直接材料成本	150 美元
2. 直接人工成本	15 美元
3. 制造管理费用	45 美元
4. 一般管理和销售费用	75 美元
5. 利润	15 美元
销售价格	300 美元

一年过去了，一切看起来还不错。实际销售量达到了 1003112 件。然而，在评估该年业绩和制定下一年战略的评审会上，大家第一次受到了打击。

事情开始于生产经理伊多·梅凯特（Ido Makitall）先生。他试图要求公司的 CFO 比尔·道勒（Bill Dollar）先生增加投资用于改进生产流程。道勒先生的回答出乎所有人的意料：“对不起，我现在没有钱。”

于是大家出现了一阵小小的骚动。“你说没有钱是什么意思？”采购经理奇普（Mee Bie Cheep）女士嚷嚷道，“我们部门拼命工作，比预算低了3.3%，离底线还有5美元。”

“我们的单位加工费用只比预算高了2美元，考虑到去年的通货膨胀，这还在一个合理的范围内。”梅凯特先生又说。

“我们也是按照预算干活的。”设计和研发经理瑞尔（Rhea）女士说。

这时大家都把目光转向了营销经理赛尔（Ican Sell）先生。他看起来有些不好意思。“我们的单件成本超过预算15美元，”他有些难为情地说，“我们的客户服务成本是每件产品25美元，而预算只有10美元。”毫无疑问，大家都在想同一个问题，到底发生了什么事情？赛尔先生好像看出了大家的心思，于是接着说：“我们所有的估计都是基于销售1000000件产品这个前提。为了达到目标，我们的销售人员不得不向企业客户提供一些特殊的保修服务。”

“那请问都是些什么？”梅凯特先生问道。

“我们给他们提供一年的保修服务。”赛尔回答道。

“那肯定不能花掉我们1500万美元吧。”奇普女士说。

“当然不会，”赛尔先生回答道，“不过我们同意在48小时内为他们提供维修服务。而在过去的一年中，我们接到的电话数量超出了我们的预期。”

会场陷入了沉默。“好吧，”5分钟后，道勒先生打破了尴尬，“我们还是不要为以前的事后悔了，这没有用，想想我们现在应该怎么做吧。”

“将AIM & DRIVE流程运用到客户服务成本管理怎么样？”奇普女士建议道。人们互相对视了一下，都点头同意。

于是Zigmo团队开始搜集花费在产品保障上的客户服务成本。各种关于客户服务的活动和成本总结如下。

1. A公司客户服务处理的电话

A公司为其所生产的所有产品提供24小时热线服务。所有关于

Zimgo 的电话都被转到这条服务热线上来。这些电话包括从基本的咨询到对产品的各种复杂问题。因为热线业务员对技术缺乏了解，所以他们只能解答那些咨询类的问题，而其他关于产品的问题都会转给一个子承包商——Fixit 公司（以下简称 F 公司）——的技术服务中心。在过去的 12 个月中，服务热线共收到了 300000 个求助电话，其中 200000 个被转到 F 公司。平均每个服务热线电话持续时间为 2 分钟。根据新采纳的作业成本法（activity based costing）核算体系，客户服务部门为 Zigmo 产品热线支出的费用为每分钟 0.50 美元。

2. F 公司技术服务中心处理的电话

为了实施专注于核心竞争力而将其他业务外包的战略，A 公司最近将其维修中心之一拆分出去，创立了子公司 F 公司。F 公司的大部分工程师都曾在 A 公司工作过，也接受过关于 Zigmo 的详细培训。

在过去 12 个月接到的 200000 个电话中，F 公司技术服务中心的工程师解决了 136000 个，其中只有 1000 个需要更换零件（其他都是顾客可以自己应付的小问题）。如果需要更换零件，F 公司的地区服务中心（RSC）就从仓库库存里取出备用的零件或者到市场上购买，并将零件邮寄给客户。客户会把拆下的旧零件寄回地区服务中心。如果这些旧零件还可以使用，地区服务中心会对其进行拆卸、分类并存储起来，如果无法再使用，就会报废。

每个打到 F 公司技术服务中心的电话平均持续 4 分钟。A 公司为这些电话支付的费用为每小时 150 美元（每分钟 2.50 美元）。对那 1000 个需要更换零件的电话，每个更换订单 F 公司平均收取 70 美元。这 70 美元的成本包括 40 美元的成本费用：平均每个更换要求需要两个零件，每个零件 20 美元。运回旧零件和发送新零件的运费预算是 10 美元（每次两个零件），每个零件约重 0.8 千克。经过协商后的运费是每千克 6.25 美元。处理旧零件的成本是 10 美元。

3. 现场服务

前面提到的转到 F 公司的 200000 个电话中，136000 个通过电话得到解决。剩下的64000个电话由于问题过于复杂，或是客户本身的原因，都被转给现场服务代表处理。现场服务代表会登门拜访客户，并尽量现场解决问题。每一次现场服务平均需要2小时，每小时收费150美元。大部分问题肯定不需要花2小时去解决，但是有些服务代表提出：他们有一半的时间都浪费在路上以及等待被客户的保安“仔细检查”上面，进入客户办公室和工厂后，又得花很多时间填写各种各样的表格。

现场服务工程师可以在现场解决90%的问题。其中，2800个故障需要更换零件（同样按照70美元收费）。这一项每年的支出为196000美元（2800×70美元）。

4. 产品更换和维修

在现场服务的需求中，有10%的故障工程师无法解决。在这种情况下，客户会得到一个替换产品。这项保障的预算按照全额销售价格计算，为300美元。更换掉的旧产品以每件20美元的运输费寄回F公司的地区服务中心。其中的70%（4480个有缺陷的产品）在过去一年里得到修复，平均每件产品花费85美元。这85美元由两部分组成：一部分是每小时150美元的劳动力支出，每件产品平均需要18分钟，另一部分是花在零件上的40美元。这些产品在修理好后重新进入流水线，作为未来的备用零件。进入流水线后，这些产品将为地区服务中心带来每件225美元的收益。因此，每件新更换的产品净价就是180美元（一件全新的产品为300美元，加上运回旧产品的20美元，加上用于修理产品的85美元，减去修理好的产品进入库存带来的收益225美元）。

5. 产品拆卸和报废

从上面可以看出，在6400个回收的产品中，有4480个得以修复，并重新进入流水线。剩下无法修复的1920件产品被拆卸、分类，留下可用的零件，其余的被报废。处理1件产品需要10美元。这样，对于剩下的1920件产品，每件产品的支出就是330美元（300美元用于更换全新的产品，20 美元用于运回旧产品，10 美元用于拆卸和报废旧产品）。

道勒计算了整个流程，总成本为 2320 万美元左右（如图 3.1 所示）。为了将成本削减 1500 万美元，这个团队可能需要一些大动作。A 公司的团队以后还能舒服地过日子吗？让我们继续看一看这个故事。

活动细节	公式（如果有的话）	估计数额（美元）
客户服务中心接到 300000 个电话（每个电话平均需要 2 分钟，每分钟 0.5 美元）	300000 × 2 × 0.5 美元	300000
200000 个电话被转到 F 公司的技术服务中心，每个电话需要 4 分钟，每小时 150 美元	200000 ÷ 15 × 150 美元	2000000
技术服务中心接到的 1000 个电话所需部件的成本，每个部件 70 美元	1000 ×（40+20+10）美元	70000
64000 个需要现场服务的电话（每个电话平均需要 2 小时，每小时 150 美元）	64000 × 2 × 150 美元	19200000
要求现场服务的电话所需部件的成本（能够处理的电话占 90%，其中有 2800 个电话需要部件，每个部件 70 美元）	2800 × 70 美元	196000
将有缺陷的产品运回区域服务中心并修好的成本。6400 件产品中，有 4480 件产品被修好，单位净成本为 180 美元	4480 ×（300+20+85-225）美元	806400
有缺陷的产品被运回区域服务中心报废。1920 件产品被报废，每件净成本为 330 美元	1920 ×（300+20+10）美元	633600
保修期内产品的客户服务总成本		23206000

图 3.1　保修期内产品的客户服务成本估计值

我猜你会说，这个团队别无选择，只能同意对客户服务成本进行管理。另外，有两个团队也应该加入这个流程：一个是“印刷手册”品类团队，负责 Zigmo 用户手册的印刷；另一个团队是包装品类团队，负责生产用于在公司和客户间运送备用零件的瓦楞纸箱。在本书余下的章节里，我们将以 A 公司客户服务团队为主要研究对象，但为了更好地理解 AIM & DRIVE 流程的各种用途，我们也将关注其他团队的流程。

3.8 为成本管理战略制定会议做准备

在组织成本管理研讨会之前，你还需要完成一系列的任务。

3.8.1 评估商业计划和采购／营销战略

在对成本开战之前，花上半小时评估一下公司的商业计划是很有必要的。你需要知道：为什么要在这个行业内经营？公司的目标是什么？现在和未来的目标客户是哪些人？市场上影响你的产品和服务的商业环境如何？等等。同时，如果跟供应商打交道，就必须在分享采购战略方面保持开放和坦诚的态度：你正在寻找何种类型的供应商、当前和未来的计划、你需要一种资源还是多种资源、供应商是本地的还是全球的、预计的业务量、新的机会和威胁、技术路线图，以及其他可以帮助供应商做好长远打算的信息。另一方面，供应商则需要与关键客户分享其营销计划：世界级的客户都需要些什么，它能提供什么样的新产品、新服务或其他增值服务，它的扩张、多元发展、资产出售计划是什么。仅仅通过分享这些计划就可以为双方创造出相互信任的氛围，并愿意通过协作来实现共同的目标（如成本控制目标）。

3.8.2 确定团队的初始成员

除非你选出了一种需要管理的关键成本，否则就没有必要建立一个庞大的成本管理团队。在开始的时候，高层管理者需要召开一次会议，以确定要针对哪些方面制定书面成本管理战略。在IBM，吉恩·里克特创建了一些产品委员会，并由委员会领导人来决定邀请哪些产品或服务的供应商参加成本管理战略的制定过程。接到邀请的IBM主要供应商的执行官们将可以分享到“蓝色巨人”从未分享过的信息和未来的计划。当看到IBM开诚布公之后，供应商们也非常愿意分享它们的信息。

3.8.3 选择主要的成本进行管理

还记得“战略”是怎样定义的吗？它被定义为“完成特定目标或

成果的计划或方法”。如果我们遵循孙武的逻辑，总成本的管理就是找出并管理其各组成部分然后汇总起来的过程。很难组建一个团队来管理诸如汽车、手机或者大型建筑工程项目的总成本。相反，你可能需要几个规模较小的团队，分别负责不同的品类、部件或服务。问题是：如何通过一个书面战略来确定哪些成本需要管理。确定的方法有很多种。

1. 帕累托分析法（Pareto Analysis）：选择那些在总成本中占比重较大的成本。
2. 显著的竞争差距（Significant Competitive Gap）：某一成本项目在总成本中所占比重并不大，但与同行业中的先进企业相比，竞争对手在该成本项目上的支出要少得多。
3. 造成盈利能力受损的既定标准的变动：产品定价基于标准成本系统，而某一项或几项成本却显示出明显的反向变动关系（negative variance）。
4. 超过限额的支出：管理层规定，支出超过限额的团队除了其谈判策略外，还应该制定一份书面的成本管理战略。
5. 可以推广的项目：团队认为某一项目中的想法可以应用到公司其他产品或者其他部门中。

在 A 公司中，由梅凯特、道乐、奇普、赛尔和设计人员组成的初始团队填写了如图 3.2 所示的 Zigmo 工作表，并得出结论：尽管客户服务的成本与售价相比并不高，但它比预算高出了 150%（15 美元），因此完全有理由把客户服务成本当成一项关键成本（critical cost）。另外，由于 Zigmo 的年销售量达到 100 万件，每年的客户服务支出也将达到 2320 万美元。他们一致同意对这项成本进行管理。

图 3.2 所示工作表的目的是让这个初始团队写下他们选择某个具体成本作为主要成本（primary cost）的原因。正如你从这个例子中看到的，之所以选中客户服务成本，是因为它已经超过预算 13206000 美元，如果 A 公司还想盈利，就必须大幅削减这项成本。此外，这个策略还可以推广到对公司其他产品的客户服务成本的管理上。

AIM & DRIVE：就成本管理达成一致	
主要成本：	客户服务—保修
总支出：	23206000美元
推广后的节约额：	150000000美元

选定为主要成本的理由：
客户服务成本超过预算13206000美元。
支出的数额大大超出允许数额。
这一战略可以应用于A公司的其他产品。

图 3.2 选择保修期内产品的客户服务成本作为主要成本及其理由

3.8.4 确定成本管理团队的其他成员

在为书面成本管理战略确定了“主题”之后，初始团队成员就需要考虑吸收其他人员加入团队。这一步可能会令人头疼。一方面，你肯定不愿意同一个太过庞大的团队共事；另一方面，人多则可以根据你的要求集思广益，有助于制定出可行的成本管理战略。不幸的是，这一步没有万能的准则可用。吸收什么样的人需要根据具体的情况而定。下面几点算是抛砖引玉：

1. 一位决策者：如果有供应商参与，那么供应链的每一个环节至少需要一名决策者。
2. 十米内的管理人员（ten-meter managers）：指那些最接近某一活动的人员，这一活动产生了你要管理的成本。
3. 备用咨询顾问（standby consultant）：指那些参与战略制定的专家，他们可能来自公司内部，也可能来自公司外部。尽管他们不必参加整个会议，但在需要进行说明或提供专家意见时可能需要参与。

A 公司的团队决定至少吸收以下人员参与：

1. 一位来自客户服务中心的高级话务员。
2. 来自 F 公司技术服务中心的一位工程师和一位主管。

3. F 公司的采购和物流经理。

4. 一位来自 F 公司的高级现场服务工程师。

5. 一位来自 F 公司的维修技术人员。

6. F 公司的财务主管。

当举行 AIM & DRIVE 会议时，请记住要确保新加入的成员能发挥他们在不同领域的工作经验和特长，为团队贡献更多的价值。我发现，在很多时候，有些公司试图让管理人员组成团队。这不是一个好主意。你真的应该接受那些最接近业务的人：十米内的管理人员。毕竟，他们是可以接触到零部件以及使用服务或固定设备的人员。

3.9　确定团队的目标

正如你的团队成员必须来自正确的部门、有正确的态度一样，有正确的目标和正确的侧重点（focus）对于团队来说也是至关重要的。

在成本管理战略会议上，把重点放在财务目标上总是很有诱惑性。毕竟，这正是管理层希望看到的——真正的成本节约，不是吗？毫无疑问，这是对的，但既然你已经扩充了团队，吸收了来自不同职能领域的专家以及必要的供应商，你就必须考虑他们的意见（这对你来说很幸运）。设身处地地想一想，如果你是一名营销经理，正在参加一个会议，而增加市场占有率的目标根本不能成为这一会议的议题，你将作何感想。或者，设想你是一名质量工程师，如果没有人认为产品质量很重要，你会怎么想。你可能会严厉地质问：为什么要我会来参加这次会议？当然你也肯定不会为这个团队做出最大贡献了。这就是为什么我强烈建议会议上的讨论要非常开放，能够包容来自不同观点的目标。除了做到让成员感到自己是真正的一员外，还有一个至关重要的方面就是要集中于形成总体解决方案，而不是仅仅关注降低价格。

在许多由我促成的管理战略会议中，我发现很多团队都以其领导者的期望作为激励自己工作的动力。这就是为什么选择合适的团队领导十分重要的原因。只有恰当的团队领导者才能为不同的团队设定即现实又具有弹性的目标，并激励团队努力工作。我还记得有一次我参加了一个处于业界领导地位的手机制造商的团队。他们邀请了一家为手持设备生产马达的日本供应商。马达的成本已经从 3.50 美元左右下降到 3.00 美元以下，降幅超过了 10%。然而，团队领导要求团队将成本降到 1.00 美元以下。团队的第一反应当然是不相信可以做到，但是他们还是认真地开始工作，决定要试一试。后来发生了什么事？他们居然在 6 个月内就实现了这个目标。我记得有一位采购主任用半开玩笑的口吻说：也许他们能做得更好，把成本降到 0.50 美元以下。是的，50 美分。即便是我也认为这个要求太过苛刻了，但这家日本供应商却很严肃地对待这个目标，并要求把 AIM & DRIVE 流程延长 4 个月。我可以自豪地说，到项目结束的时候，这项成本已经低于 0.50 美元。真要好好赞扬一下团队的领导、供应商难以置信的想法，还有全体成员敢于承担这样一个"大跃进"目标的勇气。这充分说明，在坚定的决心和"永不放弃"的态度面前，没有不可能完成的任务。

图 3.3 将 A 公司客户服务团队的各项目标汇总起来。请注意，其中有些目标很容易量化，但有些却很难。比如，很容易衡量 5% 的利润率或者增加 6% 的市场份额，但是量化"提供世界级的客户服务"等目标就困难得多。然而，这些定性目标同样重要，尽管它们难以度量，但你完全可以采用另外一种方法来量化这些主观目标——为它们设计 1 ~ 5 分的评分标准，5 分表示团队认为他们已经充分完成了目标，而 1 ~ 4 分则表示他们取得的不同程度的进展。

3.10 主工作表

在战略制定会议即将结束时，团队会发现对他们的工作进行简要的总结将非常有用。图 3.4 所示的工作表模板就能起到这样的作用。团队发言人会发现，在他们向管理层汇报的时候，这种工作表极有价值。随着讨论的深入，我们将一步步地填写这张主工作表。现在，你将看到的是主要成本——保修期内产品的客户服务成本——

AIM & DRIVE：就成本管理达成一致

A公司的目标：

财务	利润率达到5%
营销	使Zigmo的市场份额增加6%
质量	满足顾客对产品和服务质量的期望
采购	标准化Zigmo使用的部件
采购	获得客户服务解决方案的最低总拥有成本

F公司的目标：

财务	利润率达到7%
营销	为A公司的客户提供世界级的服务，缩短检修时间
物流	避免使用空运来运输部件
质量	维持高维修质量
服务中心	优化服务中心工作量
现场服务	最大化生产性时间

图 3.3　保修期内产品的客户服务目标说明（客户目标和供应商目标）

的确定。在后面，你会看到这一主工作表将逐渐演变成对整个流程的总结。

材料印制和包装团队也同样忙得热火朝天。他们建立了自己的团队，选出了相应的项目，并提交了如图 3.5 和图 3.6 所示的表格。显然，这两个团队选择的项目都具有相当大的推广潜力。对比一下 A 公司三个团队工作表之间的相似和不同之处非常有用。

AIM & DRIVE：主工作表

A 主要成本：保修期内产品的客户服务成本

总支出=23206000美元

关键成本	成本驱动因素	关键成本驱动因素
I	M	D

选择的战略声明	行动计划	负责人	预计完成日期
R	I	VE	VE

图 3.4　客户服务的主工作表

AIM & DRIVE：就管理成本达成一致

主要成本：	印刷手册
总支出：	979000美元
推广后的节约额：	102760000美元

选定为主要成本的理由：

团队非常赞同管理这项成本。
支出的金额大幅超过上限。
这个策略可以推广运用到A公司其他产品手册的印刷上。
在短期内降低成本的好机会。

A公司的目标：

财务	利润率达到5%
营销	Zigmo的市场份额增加6%
营销	保留现有手册的美学价值
质量	确保手册经久耐用，使其寿命和产品的寿命一样长
采购	获得更低的手册印刷价格
物流	减少手册的重量/缩小体积
客户服务	根据顾客的地理位置印刷不同语言的手册

供应商的目标：

财务	净利润达到12%
营销	总体客户满意
物流	中心分销枢纽
质量	以有竞争力的价格保证产品的高质量
生产	减少颜色数量
生产	更少的语言种类
生产	更准确的数量预测

图 3.5 印制产品手册的目标说明表格

AIM & DRIVE：就成本管理达成一致

主要成本：	Zigmo的瓦楞纸箱
总支出：	2475000美元
产量：	1100000
可扩展的支出：	49500000美元

选定为主要成本的原因：

包装箱与A公司其他包装箱类似。
团队非常热衷于学习这一流程，并希望推广这些想法。
供应商非常合作并致力于突破性想法。

A公司的目标：

采购	总拥有成本（TCO）降低8%
采购	采购价格降低15%
采购	推广瓦楞纸箱的采购方法
制造	避免由于缺少包装材料而造成停产
制造	应对市场增长/收缩和技术变革造成的不确定性
制造	需要帮助时随叫随到
财务	库存降低90%
财务	保证瓦楞纸箱的价格最低
分销	配送时间从24小时缩短到8小时
分销	对环境负责

供应商的目标：

销售	与A公司其他部门进行更多的直接接触
设计	与A公司的工程师保持联系，以实现并行工程
设计	继续在图形设计方面进行投入
财务	实现15%的净利润
物流	库存降低50%

图 3.6 瓦楞纸包装箱的目标说明表格

第一步检查清单：就管理成本的必要性达成共识

- ❑ 评估商业计划和采购 / 营销战略。
- ❑ 确定团队的最初参与者。
- ❑ 为 AIM & DRIVE 流程确定主要成本或项目的主题。
- ❑ 选择成本管理团队的其他成员，包括利益相关者和供应商。
- ❑ 从各个角度确定团队的目标。
- ❑ 完成目标说明表格。
- ❑ 更新主工作表。

第 4 章

找出供应链中的关键成本

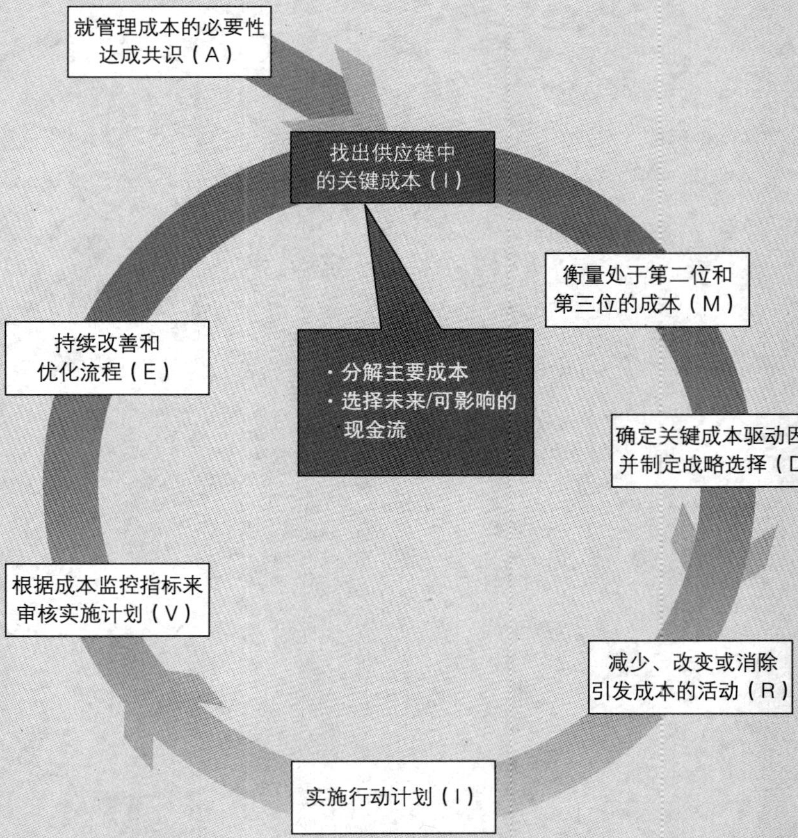

1993 年 10 月 21 日，《华尔街日报》发表了一篇名为《五个致命的商业过失》（*The Five Deadly Business Sins*）的文章，作者是已故管理学大师彼得·德鲁克（Peter F. Drucker）博士。德鲁克博士提到的致命过失之一就是成本驱动定价法(cost-driven pricing)。他认为："唯一可行的方法是价格驱动成本定价法（price-driven costing)。大部分美国公司和几乎所有的欧洲公司都是通过将成本加总起来再加上一个利润率来进行定价。"他还补充道："如果说丰田和尼桑成功地将德国豪华汽车生产商赶出了美国市场，那么这是因为它们采用了价格导向的成本定价法（price-led costing)。不可否认，从价格开始，然后再削减成本，这需要在开始时做更多的工作，但是与从一开始就是错的，然而经过数年的亏损才将成本引入相比，需要做的工作最终还是少得多——更不用说，这比失掉一个市场的代价要小得多。"阿门！我太同意你的看法了，德鲁克博士。

全球竞争使许多公司的高层管理者坐立不安，他们开始迫不及待地不惜一切代价降低价格。而这正是我们想要避免的。AIM & DRIVE 流程有助于在供应链中建立一个管理成本的战略。这个战略由客户和供应商共同推动。它有一个明确的目标：每次都以最低的价格准时地将拥有世界级质量、采用先进技术的产品送到最终顾客手中。最终顾客才是把钱放入价值链中的人。经济学规则非常清楚：如果总收入低于总成本，企业就会亏损。如果这种状况持续一段时间，这个公司就很有可能不复存在了。

图 4.1 显示了供应链中的成本流。只有将接受服务或者产品的最终顾客包括进来，供应链才是完整的。但不幸的是，传统的顾客和供应商总是因为价格而成为对立的两方。如果我们从一开始就能理解需要降低的不仅仅是价格，还包括成本，那么我相信买卖双方的关系会建立在更好的基础上。随着成本管理的好处在供应链中得以分享，这种关系会越来越好。

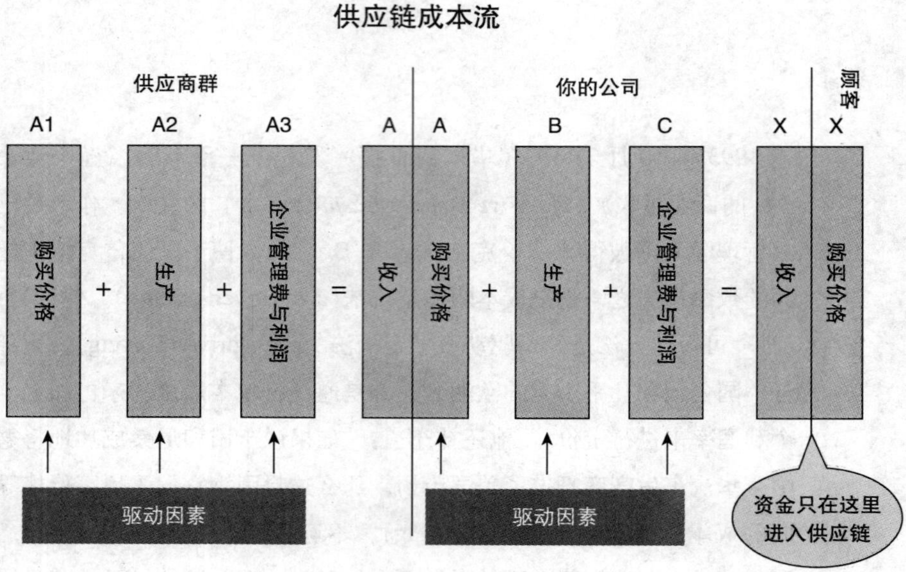

图 4.1 供应链成本流

在图 4.1 中，假设你的公司是向最终顾客提供产品的总装企业。供应商群是指你的供应商，以及供应商的供应商。让我们看一看顾客购买你的产品时的情况。对于顾客来说，获得产品所要支付的金额是“购买价格”。对你来说，这代表着收入。将所有顾客的“购买价格”加在一起，就是你的总收入。同意吗？那么总收入最基本的经济公式是什么？

总收入 = 总成本 ± 利润 / 亏损

我认为我们需要修改一下总成本的基本公式，将利润作为成本的一部分包含进来,原因是利润应该得到应有的重视。既然企业对广告、研发、培训和管理都制定了预算，因此也应该以利润的形式为投资回报制定预算。这仅仅是一种象征性的姿态，但值得一做，因为它可以向供应商表明，作为一个客户，你并不希望企业成为一个慈善机构。

我们假设一家公司的总收入是“X 美元”。那么怎样对这个总收入进行分解呢？收入等于公司付给所有供应商的购买价格之和（记为“A”）加上生产费用（记为“B”）,再加上将产品送到顾客手中的管理、营销和分销成本，加上利润或者减掉亏损（记为“C”）。现在，如果要进一步分解购买价格“A”会如何呢？你在这个模型中看出什么吗？不要觉得奇怪，是该供应链中下一级供应商的总收入（总成本）。

这看起来好像存在利益的冲突。比如说，如果 A 公司想降低客户服务的成本，那么一个可能的方法就是设法与 F 公司技术服务工程师进行协商，降低他们每小时的报酬。在其他条件不变的情况下，我们采取的行动是降低 A 公司付给 F 公司的购买价格。但是，F 公司会发现从 A 公司那里获得的收入减少了。在这种情况下，客户希望降低其购买价格 A，以增加利润或者想在不影响利润的情况下降低产品的市场价格。同时，供应商则希望通过提高向其客户收取的价格来增加自己的收入 A。除非价格的下降被购买量的增加所抵消，否则你将会面临着非常令人失望的产品供应。供应商会在质量、交货或者服务等方面打折扣，或者最终不再为你提供商品。与供应商面对面的谈判是一件很困难的事。你应该不惜代价地追求价格吗？这不正是管理层考核一个团队的重要指标吗？这个团队是否应该利用一种战略性的眼光使自己看得更远一些？

下面是 A 公司的奇普女士对一家主要供应商的财务经理的开场白：“乔，情况是这样的。管理层给了我很大的压力，让我降低直接材料的成本，这一成本现在占产品零售价格的比例接近 50%。我们的客户越来越精明、苛刻，我们别无选择，只能去满足他们的要求，在价格上与对手进行竞争。因此，我们需要将目标设定为在今后的三年里，我们支付给贵公司的价格每年都要降低 15%。现在，我可以用取消业务或其他方式来威胁你，迫使你在价格方面不断做出让步。但是，我不想这样做。我想跟你一起来分析一下你的成本。这就意味着我们需要了解你的购买价格（A1）、生产费用（A2）以及行政、营销和分销成本(A3)，然后看一看我们能做些什么来降低一些成本。这样，你可以在不损失很多利润的情况下降低你的价格。实际上，以你的经验，你可能还可以帮我来分析一下我的生产费用，看是否还有降低的空间。当然，你可能认为这关系你们公司的保密数据、违反公司政策或者其他什么。如果这样的话，我会坚持我的降价目标，让你用你认为合适的方式管理成本。你来做选择。”

强硬但公平，是不是？问题是将削减成本作为对价格竞争的回应可以持续多久。这时候不正需要有人来领路吗？我们应该用一种更具战略性的眼光来看待成本管理。再看一下图 4.1。如果一个团队想解决购进材料的成本问题（购买价格），那么他们需要采取与他们同客户打交道时相同的流程。也就是说，为了降低采购价格，就需要降低整个供应商群的总成本。因此，我们需要找出成本，而不管这些成本是在哪家公司发生的。这就意味着，我们需要与包括关键供应商或者客户在内的跨职能团队协作，就管理成本的必要性达成共识，然后开始 AIM & DRIVE 流程的第二步：找出供应链中的关键成本。

4.1 绘制流程图

成本管理战略团队成立后，每个人在履行自己的职能之前、之中和之后对流程进行思考非常重要。在制定成本管理战略时，绘制的流程图不一定非常复杂。我们需要做的只是从不同的角度去观察成本和流程中的各项活动。这也可以帮助参与者更好地理解每项活动所涉及的成本。首要的一条规则是将原始的流程图绘制成 10 ~ 15 个活动框。如果有必要，可以将一个或者两个关键的活动框扩展成单独的流程图。

在分解客户服务的成本之前，A 公司绘制了一张流程图，如图 4.2 所示。然后，他们概括性地讨论了每个活动框中用来描述活动的成本类型。这不需要遵从任何分类账户，也不用考虑公认的会计原则。在这个阶段，专业术语并不重要。我称它为“Windows”系统。为每个活动选一个名字，就像你命名一个文件一样。然后，看一下这些活动名称的清单，看看其中一些是否可以“归档”到“文件夹”或者“子文件夹”中。例如，在活动框 1 中发生的成本主要是客户服务中心接线员的人力成本，从本质上讲是一种管理成本。在活动框 2 中也是人力成本，但是这次是客户服务中心技术人员所收取的。活动框 3 中既包含现场维修技师的人力成本，也包括他到达客户所在地所需的交通费用，还可能包括维修过程中所涉及的零部件成本。这样，这 3 个活动框共涉及 5 种成本。一个团队可能决定分别分析这 5 种成本，也可

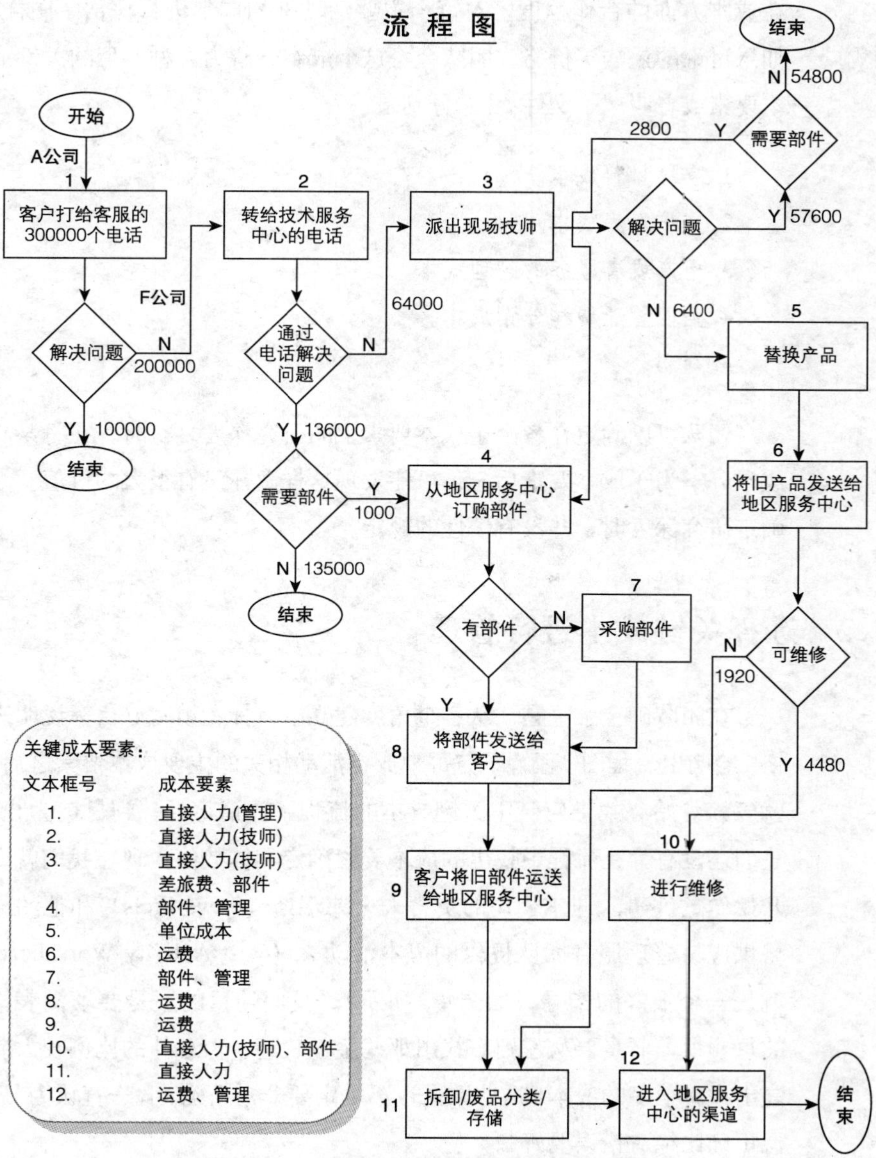

图 4.2　保修期内产品客户服务的流程图

能将 3 种人力成本归为一个大类进行分析（就像 Windows 中的一个文件夹一样），称之为“人力成本”。参照对成本的分类，主要成本是客户服务成本，次要成本是直接人力成本，第三级成本是技术服务中心的人力成本。在这个阶段，团队根据对成本的了解程度以及供应商在成本方面的合作程度，对每个主要活动框的成本进行评估。同样，如果讨论的是购买价格，团队会将这个成本分解为5种典型的关键成本要素或者叫“子文件夹”，分别是：

1. 直接材料成本。
2. 直接人力成本。
3. 生产或者服务的管理成本。
4. 企业管理费和分销成本。
5. 利润。

团队可以确定在各个子成本要素上的研究深度。有时，在将某一成本分解为子成本要素后，你可能发现这样做并没有很大的价值。在确定研究深度时，并没有硬性的规定。

4.2 选择关键成本进行管理

在团队确定了主题、从各个角度建立了目标、填写好目标说明表格、绘制出流程图、理解了与每个成本活动相关的主要成本要素之后，就应该开始寻找供应链中关键成本的流程了。请记住，到目前为止，我们还没有为在流程中找出的成本要素确定具体数值。现在我们就要开始做这件事。迪尔公司的史蒂夫·弗瑞斯（Steve Frels）和他的战略供应链管理服务团队提供的成本活动表（Cost Activity Worksheet）就是一个很好的指导（如图4.3所示）。我们的目的不是要填满表格的每一项，而是要从左到右找出那些金额较高、占总体的比例较大或高出预算很多的成本。这些数据也不一定要非常精确。我一直认为“近似正确比绝对错误要好”。

比较一下图4.1和图4.3，你看出二者的相似点了吗？在图4.3中，如果从顾客的角度去看，底线是销售价格/收入，即图4.1中的“X”。直接材料框代表图4.1中的“A”。直接人力、制造和工程支出即图4.1中的生产费用（“B”）。图4.3中的“企业管理费”以及“利润及其他”对应于图4.1中的“C”。如果你进一步分析，就可以为供应商群制作

类　别	数额	分　组	数额	成本活动	数额
直接材料	150	直接材料		单位购买成本 运输成本（到达货物） 进口税、关税、外汇兑换费用	
直接人力	15	直接人力		直接人力成本 直接人力收入和津贴	
制造费用	45	机器及流程成本		折旧（设备） 维护（设备） 流程成本（电、气、水等） 流程材料（油漆、焊接、黏合等） 生产供应	
		处理材料		接收 移动（通过加工） 储存 装运	
		质量成本		评估（审查 / 检查） 返工（修理） 废料和现场浪费 保修及返修的产品	
		工具成本（模具、夹具等）		折旧（工具） 维护（工具） 非耐用工具及工具组 部分工具的购买	
		设施成本（建筑）		接收场地 制造场地 装运 / 仓储场地	
		管理成本		预测、下订单、派单 数据备案 / 管理 库存管理 生产信息系统 生产监管 生产控制 供应管理	
工程支出				设计（生产、质量等） 材料设计（选择等） 工艺设计 产品研发、测试	
企业管理费（GS&A）	75	一般管理费用	25	公司支出 会计、法律、人力资源等 培训 差旅 其他	
		销售和分销成本	50	包装、装运及配送 市场营销（广告、促销等） 订单处理（客户） 保修、销售或者服务支持（客户） 分销成本（接收、存储、发货等） 其他	6 30 1 10 2 1
利润及其他	15			财务成本（利息） 税前利润 其他	
总计	300				

根据 Deere 公司 Steve Freds 等人的工作表改编。

图 4.3　A 公司的成本活动表

出一张类似的成本活动表，在这张表中，直接材料成为供应商的底线（我们用“A”而不用“X”）。除了用“A1”替代“A”、用“A2”替代“B”、用“A3”替代“C”之外，其余都是一样的。

4.2.1 获得成本数据

当一个团队将一种产品或者服务的数据填入成本活动表时，第一个麻烦产生了。尽管可以估计出一些成本，但有时候客户对于供应商的成本结构一无所知。经常有人问我：“供应商会分享这种敏感的数据吗？”我的第一反应是另外一个问题：“你问过吗？”如果客户在脑海中有一个正确的目的，又能向正确的供应商询问正确的问题，那么对于他们提供的数据量你会感到很惊讶。下面这三种方法有助于提取出一种产品或服务的关键成本：

1. **供应商提供的数据**。为了从供应商那里得到成本信息，客户需要花时间准备一份完善的询价单（Request for Quotation，RFQ），其中包括对供应商报价的详细分解。目标应该十分明确并传送给供应商。客户应该努力去更好地理解供应商的报价，而不是去做一名审计员。在很多情况下，会有一两家供应商不提供数据，但是其他供应商会。只要价格是在一个合理的范围内，客户就可以根据从这些合作的供应商那里得到的数据，估测那些不合作的供应商的成本结构，并求出一个平均价格。在这里要明确地声明，买方绝不会把一个供应商的具体数据分享给另外一个供应商。这样做是违背道德的，虽然买方可能从中获得短期的利益，但是长期的后果不堪设想。

如果供应商对询价单没有回应且不提供成本分解数据，该怎么办呢？客户一定要坚持。当然，一个供应商面对这样的询问，第一反应会是：“他们为什么需要这些信息？”或者“同客户分享这些信息是违背公司政策的。”我想到了在美国一家大公司任电子产品营销主管的鲍伯（Bob）讲的一个故事。他从客户经理那里得到来自日本一家汽车公司的询价单，这家公司刚刚在美国建立了一家工厂，想从本地采购一些小型电子设备。这份询价单非常详细，希望从供应商那里得到成本分解数据。鲍伯最初的反应是："我们不能给出这样的数据。我们只在最底部填上价格就回复他们吧。"

几天之后，客户代表来到鲍伯的办公室，交给他一份快递，里面放着同一份询价单，还附有一张便签。这个快件来自电子元器件的品类经理，他写道："谢谢你提供有吸引力的报价。但看起来你忘记在询价单中填写报价的分解数据了。方便时请尽快填写并回复给我们，这样我们就能够处理你的报价了。"鲍伯匆匆地在一张便条纸上写上"我们不会与任何人分享这些数据"的字样，然后就给客户寄了回去。两天之后，这份文件又通过快递送回，里面附上了另一张便签，上面写道："我很遗憾，你将我们看成'任何人'。我们希望与那些有价值的供应商合作，这些供应商会认为我们是'特殊的'。"这个包裹里面有一份客户的供应商关系管理纲要，以及那家公司的愿景（要在未来的十年内成为美国最大的汽车生产商之一）。鲍伯和他的团队讨论了这家企业是否是未来的战略性客户，并决定这次例外。不仅是这次询价取得了成功，而且客户还利用这些成本数据帮助供应商寻找降低成本的方法，最终在一年内使部件的价格下降了 25%。十年之后，这家日本公司真的成为了美国最大的汽车生产商之一，而鲍伯的公司也成为其最大的电子器件供应商之一。在这个例子中，坚持得到了回报。

2. **建立"应该成本"**（should cost）**模型**。尽管坚持了，但是还是会有供应商不想分享成本数据。在这种情况下，顾客就应该为所购买的产品或者服务建立"应该成本"模型。模型的详细程度可以不同，可以是一个行业的成本概况，也可以是一个具体到每个流程的成本模型。在建立详细的模型之前，团队应该考虑一下自己的目标。有没有必要建立"应该成本"模型？或者是团队对当前价格很满意，但为了更好地理解价格而将其分解为不同的成本要素？"应该成本"模型的概念和流程请参见伯特（Burt）、诺奎斯特（Norquist）和安克莱萨里亚（Anklesaria）所著《零基定价：通过减少总成本建立世界级竞争优势》（*Zero Base Pricing*™：*Achieving World Class Competitiveness through Reduced All-in-Costs*）一书（Probus Publishing，1990）。图 4.4 显示了成本模型详细程度的进化。

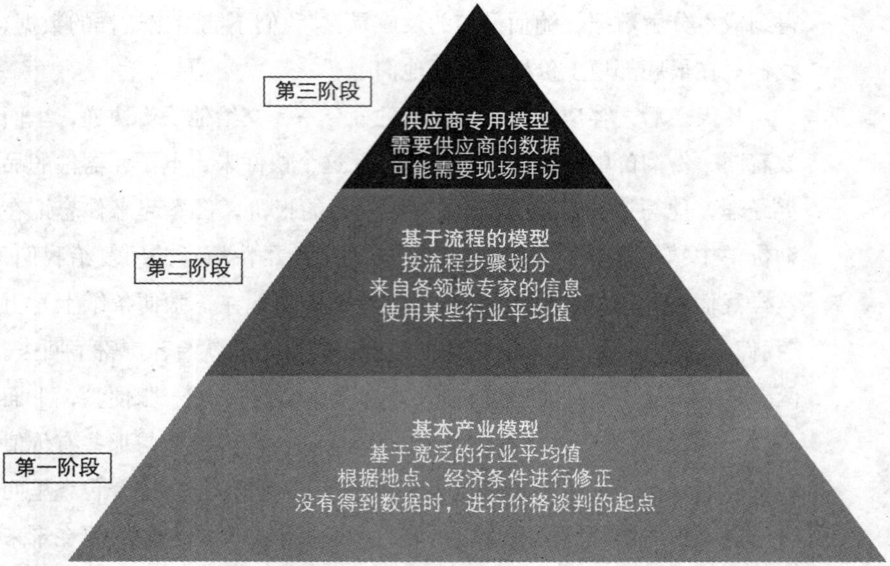

图 4.4 “应该成本”模型的三个阶段

3. **内部数据的可得性**。在某些情况下，有些公司可能曾经生产过某种产品或者提供过某种服务，而现在已经决定将该产品的生产外包出去。这种情况有助于从客户内部的记录中获取这些成本数据，并用它作为评估供应商报价成本分解数据的基础。虽然这些数据可能无法非常准确地匹配，但各种成本所占的比例是类似的。

在 AIM & DRIVE 流程中进行成本分解的目的是理解供应商价格的成本结构，进而找出供应链中的关键成本。注意“供应链”这个词。我常常发现，当有两个或者更多的供应链层级参与到 AIM & DRIVE 流程中时，客户想做的第一件事就是分解供应商的价格。这可能是对的，但前提是这个团队已经确定购买价格是供应链中的关键成本之一。为了做到这一点，需要列出所有的与目标产品或者服务相关的成本。这可能会是一场噩梦。总拥有成本（total cost of ownership，TCO）是指在产品或者服务的整个生命周期中所发生成本的现值总和。与“购买还是外包”决策不同，AIM & DRIVE 流程不需要对所有成本要素的现值进行评估。但是，除了产品或者服务的购买价格之外，至少了解客户内部所发生的成本是非常重要的。

图 4.5 列出了每个总拥有成本类别中的成本要素类型。团队需要为每个类别准备一份成本清单，估测这些成本的数值，并找出供应链中的关键成本。常见的情况是，客户缺乏甚至完全没有关于收货、检查、存储、处理、废料、保修、现场服务、生产力或者销售量损失、进货物流、顾客退货和产品终结成本等方面的数据。因此，关注供应商的价格会更加容易。这是一个很大的错误。这并不是说供应商的价格不重要，而是说当客户自己分析内部成本时，会发现很多机会。在总拥有成本模型中，一些成本很难计算。例如，生产力或者销售量的损失就难以估计。如果团队认为这是需要考虑的关键成本，就必须努力计算出这类成本。

A 公司研究客户服务的团队仔细地分析了流程图，并决定将主要成本继续分解成第二级（L2）成本：

- 直接人力成本。
- 直接材料成本（备用件和产成品）。
- 物流成本。
- 行政支出。

这些成本总结在图 4.6 中。

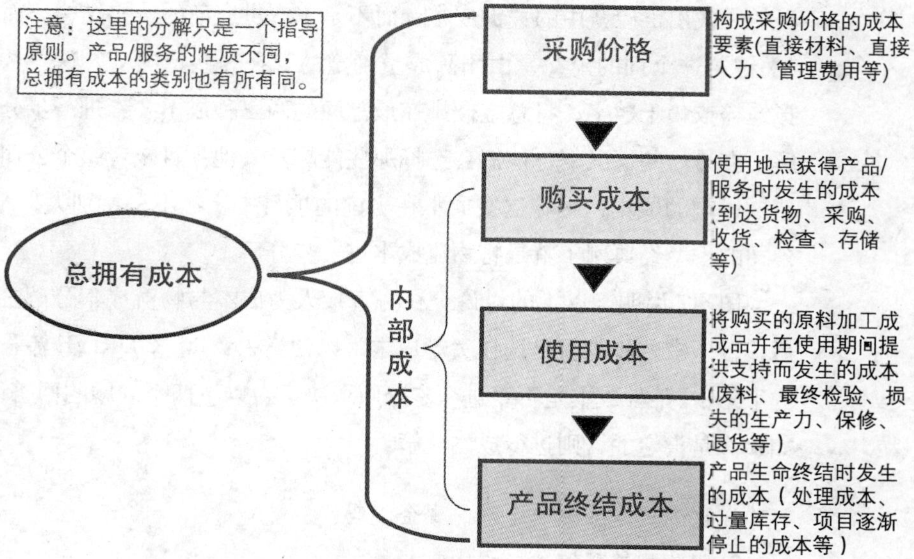

图 4.5　总拥有成本中各成本要素示例

AIM & DRIVE：找出关键成本

主要成本：保修期内产品的客户服务成本

	L2	L3	L2	L3	未来现金流	可压缩	选择
21813640美元	94.0%		人力成本				
696180美元	3.0%		直接材料成本（部件）				
464120美元	2.0%		物流成本				
232060美元	1.0%		管理成本				
23206000美元	100.0%		主要成本总计				

图 4.6　保修期内产品的客户服务成本评估

在这一阶段，团队可能会决定将一个或者多个二级成本进行进一步分解。这就会形成第三级成本（L3）。例如，直接人力成本可以分为技工成本、现场服务人力成本和维修车间人力成本。同样，物流成本可以分为货运、仓储和处理成本。没有必要将所有的成本都分解为更小的要素，这取决于团队和选择的项目。成本分解是以重复为代价，目的是找出供应链中的关键成本，而不是审查供应商的价格结构。而“关键”这个词的定义是由团队成员确定的。在一些情况下，这个选择纯粹依赖于数字，将总金额排在最前面的两三种成本要素进一步分解。在另一些情况下，他们会选择那些能够对其他项目或者整个公司造成影响的成本，尽管这些成本在当前的项目中金额不是特别大。A公司的一个经典例子就是将物流成本进一步分解。

图 4.7 说明了以上的讨论。在将直接人力成本与物流成本分解之后，接下来的步骤就是选择关键成本，以便进入 AIM & DRIVE 流程的下一步。某种成本是否要进一步分解取决于对以下两个问题的回答，如果都是肯定的，则进行成本分解：

1. 这个成本会影响未来的现金流吗？
2. 团队能够压缩这一成本吗？

AIM & DRIVE：找出关键成本							
主要成本：保修期内产品的客户服务成本							
	L2	L3	L2	L3	未来现金流	可压缩	选择
21813640美元	94.0%		人力成本				
2320600美元		10.0%		服务中心	Y	Y	
19028920美元		82.0%		现场服务	Y	Y	**Y**
464120美元		2.0%		维修	Y	Y	
696180美元	3.0%		直接材料（部件）		Y	Y	**Y**
464120美元	2.0%		物流				
232060美元		1.0%		货运	Y	Y	**Y**
116030美元		0.5%		处理	Y	Y	
116030美元		0.5%		库存	Y	Y	
232060美元	1.0%		管理		Y	N	
23206000美元	100.0%		主要成本合计				

图 4.7　保修期内产品的客户服务成本中关键成本识别表（已经填好）

第一个问题的目标是为将来可能发生的成本制定一个战略。如果成本是不会重复发生的（一次性成本），而且这个一次性的支出还没有发生（但是将来会发生），那么制定战略还是有意义的。不重复发生的成本包括购买资本设备、工具、新发明和楼房等。如果在不久的将来会购买一件设备或者工具，那么在付钱之前，你可能非常想制定一个计划。

但是，团队对于重复发生的未来成本更有兴趣。重复发生的成本包括材料、人力、运输和管理成本。选择了那些会影响未来现金流的成本要素之后，下一个问题就是团队是否有能力压缩这一成本。有时候，成本可能受到政府部门的管制（如财产税、许可证费、环境治理费），对于这样的成本，团队很难控制。这样的成本就只能留待将来讨论。在其他情况下，团队可以压缩该成本，但没有相应的权利。这就需要该团队向其他团队建议针对那一成本要素制定一个战略。在图 4.7 中，除了管理成本之外，其他成本均会影响未来现金流，并且 A 公司的团队可以对其进行压缩。管理成本是和公司的其他职能部门分摊的，由总部进行分配，因此不受该团队的控制。所以，目前他们不考虑管理成本，在他们的主表格（如图 4.8 所示）的 I 栏输入直接人力成本、直接材料成本和运费，然后进入 AIM & DRIVE 流程的下一步：衡量处于第二级和第三级的成本。

AIM & DRIVE：主表格						
A 主要成本：保修期内产品的客户服务成本						总支出 = 2320600美元
关键成本	成本驱动因素	关键成本驱动因素	选择的战略声明	行动计划	负责人	预计完成日期
I	M	D	R	I	VE	VE
现场服务人力成本(82%)						
直接材料成本(3%)						
运费(1%)						

图 4.8 保修期内产品的客户服务成本主表格

A 公司的另外两个团队也通过相同的流程选择了关键成本，然后进入该流程的下一步。说明书印刷团队在与每个 Zigmo 配套的说明书制作上花费了 980 万美元。每个 Zigmo 有三份说明书：一本 70 页的快速入门指导，一本 194 页的操作指导，一本 223 页的个人信息指导。他们决定将制作说明书的主要成本进行分解以获得第二级成本，包括设计、纸张、印刷和翻译成本。成本的分解以及团队决定要在下一步进行分析的关键成本如图 4.9 所示。

瓦楞纸箱团队采取了不同的方法，他们将每个包装箱的成本分为两个主要的大类：制造和配送。然后，他们对制造成本进行了五级分解，对分销成本进行了四级分解，如图 4.10 所示。在分析了三种完全不同的成本分解之后，我希望你能够认识到，如何对主要成本进行分析、使用单位成本还是总成本，这是由各个团队自行决定的。

AIM & DRIVE：找出关键成本

主要成本：印刷手册

	L2	L3	L2	L3	未来现金流	可压缩	选择
391600美元	4.0%		设计				
391600美元		4.0%		人工	Y	Y	**Y**
				管理	Y		
8223600美元	84.0%		直接材料（纸张）		Y	Y	**Y**
979000美元	10.0%		印刷		Y	Y	**Y**
195800美元	2.0%		翻译		Y	Y	**Y**
9790000美元	100.0%		主要成本合计				

图 4.9　找出印刷手册关键成本的工作表（已经填好）

AIM & DRIVE：找出关键成本

主要成本：瓦楞纸箱成本

成本	L2	L3	L4	L5	L2	L3	L4	L5	未来现金流	可压缩	选择
1.47美元	65.3%				制造						
0.08美元		3.6%				印前及准备					
0.85美元		37.8%				瓦楞纸箱制造					
0.73美元			32.4%				纸板				
0.12美元			5.3%				其他				
0.38美元		16.9%				生产					
0.28美元			12.4%				其他				
								加工成本			
0.10美元			4.4%				托盘		Y	Y	Y
0.04美元		1.8%				货运			Y	Y	
0.12美元		5.3%				利润					
0.78美元	34.7%				分销						
0.17美元		7.6%				到达货物					
0.28美元		12.4%				不同的工厂					
0.17美元			7.6%				租金		Y	Y	Y
0.09美元			4.0%				人力		Y	Y	
0.02美元			0.9%				其他		Y	N	
0.27美元		12.0%				GSDA					
0.02美元		0.9%				运出货物			Y	Y	
0.04美元		1.8%				利润					
2.25美元	100.0%				主要成本合计						

图 4.10　找出瓦楞纸箱关键成本的工作表（已填好）

第二步检查清单：找出供应链中的关键成本

- ❑ 绘制流程图，列出活动清单。
- ❑ 在流程图中列出与各活动框相关的成本要素。
- ❑ 从供应商、应该成本模型以及内部获得每个成本要素的数据。
- ❑ 在成本活动表中填写成本数据。
- ❑ 完成在供应链中找出关键成本的表格。
- ❑ 将成本分解成第一级、第二级、第三级等。
- ❑ 确定成本要素是否会影响未来的现金流。
- ❑ 选择两三个对未来现金流影响最大的成本进行进一步分析，并列出这样做的原因。
- ❑ 完成主表格。

第 5 章

衡量处于第二位和第三位的成本

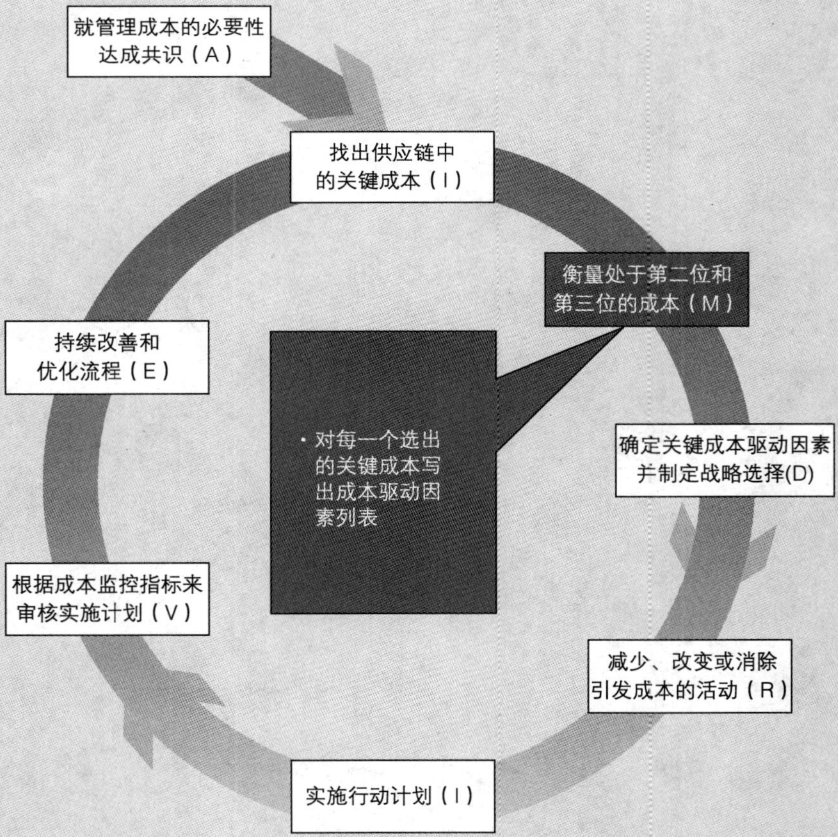

没有经过计算的成本一般是不能被管理的。成本管理不像全面质量管理那样在很多公司成功得到推广的原因之一就是供应链中的很多关键成本难以计算。而且，利用这些成本数据的人也意识到，从现有的成本会计方法中得到的成本信息很难真实地反映该成本。这只是会计人员的观点。要知道，解释与产品或者服务相关的直接成本是可能的，但当你计算间接成本（一般管理费用）时，就会变得非常困难。分摊间接成本一直是过去的几十年中困扰着会计行业的问题。无论你利用哪种分摊方法，都有可能使得其他人疯掉。

成本管理团队需要认识到的第一件事就是，不同的公司使用不同的成本会计方法。试图确定哪一个系统是最好的不会有任何用处。成本，尤其是一般管理成本，不会因为人们对哪种分摊方法正确以及应该如何分摊的讨论而消失。然而，我总是能够看到客户试图分析供应商的管理费用并反对其间接费用分摊率（overhead rate）。这简直是在浪费资源！你不可能改变一家公司分摊成本的方式。那么，你为什么不转而关注真正的管理成本的缩减呢？

5.1　计算成本的方法

成本会计体系可以分为两种类型：

1. 基于分摊的系统。
2. 基于管理的系统。

让我们来简要地看一下这两个系统。

5.1.1　基于分摊的系统

基于分摊的系统（allocation-based systems）是利用传统或者现代的成本会计方法，将成本分摊到产品或者服务的会计系统。传统的成本会计系统包括工作成本核算（job costing）、工序成本核算（process costing）和标准成本核算（standard costing），而现代成本会计系统包括作业成本法（activity-based costing，ABC）和工序成本法（process-based costing，PBC）。

在工作成本核算体统中，原材料和直接人工成本等直接成本根据所使用的材料和人力直接计入具体的工作。在某个岗位工作的人会填写作业登记卡（job card），这一工作所使用的原材料也直接计入同一张登记卡中。我们可以用你最近的一张汽车修理单作为例子。注意各个部门是如何将汽车上用到的零件列出来的。然后，再列出每一个操作的不同劳动时间以及劳动力费率（labor rate），这样就可以将小时数转变成美元数。这个劳动力费率是负荷费率（loaded rate）。这意味着这一费率不仅包括修理技师的工资，还包括分摊的间接成本，如监督、工具、空间、公用设施、设备的折旧、管理等费用。那么现在你应该明白为什么高中毕业的孩子在修理你的汽车时每小时的收费超过50 美元。工作成本核算体系被广泛应用于咨询、律师、建筑公司以及广告代理等行业。

工序成本核算体系是一个将成本分摊到相同产品的体统，这些产品通过一系列的加工工序，在一个连续流程中生产出来。这个流程的每一步都像一个作业。例如，在汽车行业中，有一系列装配操作，然后是喷漆、抛光和运送给经销商等工序。一般管理费用以直接人工成本的一定比例分摊到流程中的每一步。工序成本核算的主要目的是基于会计所谓的“约当产量”（equivalent units）来计算原材料、在制品和产成品的价值。这有助于降低成本吗？大概不会。

标准成本核算是为材料和人力成本设定目标成本的体统。目标成本是指在特定条件下达到既定目标所需的合理成本。是谁设定的目标？这个目标准确吗？恐怕这是一个内部的秘密。一家非常有名的跨国公司的成本估算师曾告诉我一个计算标准成本的秘密公式。根据他的说法，第一步就是从一堆数据来源中寻找数据。找出数据之后，把每个数据都乘以零，然后加上你想要的标准成本。我真希望这不是真的。但是……你的脸上为什么带着那种笑容？因为你知道有时候标准就是这样建立的，对不对?

在传统的成本核算体统中，一般管理费用通常以直接人力为基础进行分摊。显然，基于一个因素来分摊不仅不现实，也不公平。20 世纪 80 年代，作业成本法（ABC）与全面质量管理（TQM）一起进入了这个领域。

作业成本法是根据生产一件产品所需活动之间的因果关系进行成本分摊的系统。根据会计行业专业标准组织 CAM-I 的定义："作业成本法是对涉及企业重要活动的财务和运营绩效信息的汇集。作业是指在公司内部某个团队为了实现商业目标而进行的重复性工作。"

用非专业的术语来说，作业成本法旨在根据很多"基础"来分摊一般管理成本，而不是仅仅基于直接人工、机器运转时间或者占地面积来分摊。就像定义中所描述的那样，成本是根据"作业"的需要或生产线的"消耗"分摊到生产线的。作业成本法最初被约翰迪尔、惠普和哈雷摩托车公司采用，现在则作为一种可以引导人们采取正面行为的体系而得到了全世界的认可。不幸的是，尽管更加精密，但它仍然只是一个分摊体系。

很多人认为作业成本法体系没有关注总体商业流程，因此在 20 世纪 90 年代早期出现了一个成本会计学派，对作业成本法提出了不同的观点。这个体系的支持者关注这样一个事实，即所有的作业都可以归入不同的工序中。于是，人们开发出了一个被称为"工序成本法"的成本会计体系。坦白地说，作业成本法和工序成本法没有很大区别，唯一的不同点在于工序成本法要求绘制流程图来描述组织中的活动流。流程中每个活动的成本都要被追踪。换句话说，工序成本法提供了一个总体的框架，里面放置的是作业成本法。但是，与作业成本法一样，工序成本法也只是一个精密的分摊体系。

5.1.2　基于管理的系统

从前面的讨论中你可能已经发现，作业成本法体系是为未来的工厂设计的。这一方法试图找出一般管理费用发生的原因，进而影响行为。但是，在同很多实施作业成本法体系的企业进行合作之后，我发现这个体系的使用者中有一些觉醒的迹象。很多人告诉我，与传统的成本会计方法相比，这个体系变得越来越复杂，从而令使用者更加迷惑。

如果我们没有找到计算成本的方法，我们会发现真的很难管理它们，因此很容易认输。这时，我们不得不采用最后的方法——常识。我相信，成本管理团队中的"十米之内的管理者"最终能够比任何会计系统都更加现实地计算成本，当然，前提是我们允许他们这样做。你是宁愿得到"大概正确"的信息，还是希望得到"完全错误"的信息？应该给常识一个机会。基于公式的成本核算是一种基于常识的流程，在该流程中，我们用代数公式来计算成本、定义成本驱动因素，并对减少、改变或者消除产生成本的活动制定战略选择。

理解变量的含义

为了理解基于公式的成本计算的基本原理，你可以回忆一下你的第一堂代数课。我想起了我五年级的老师德苏萨（D'Souza）女士是如何解释变量这一概念的。"马克"，她问我的同学，"如果 a=1，b=2，c=3，而 x 等于 a、b、c 这三个数字的乘积，那么 x 的值是多少？"

马克毫不费力地计算出了结果：1×2×3=6。因此他答道："x 的值等于 6。"德苏萨女士说："很好，马克。"马克坐了下来，圆圆的脸上带着笑容。

随后，德苏萨女士又让我的另一个同学莱斯特站起来。她问道："莱斯特，如果 x 等于另外三个数字 a、b、c 的乘积，a=2，b=3，c=4，那么 x 的值是多少？""x 的值等于 24，德苏萨女士。"像马克一样，莱斯特也得到了表扬，然后坐下来。

那时，我感到非常困惑。同样的字母 x 怎么能等于 6 又等于 24 呢？我认为我的算术水平还不错，如果我去商店里买 6 块糖，那么绝对不可能得到 24 块。反之，如果我付了 24 块糖的钱，但是只得到 6 块，那么任何人也休想说服我二者是相同的。因此，我举手问德苏萨女士 x 怎么能够等于两个不同的数字。这时，我理解了"变量"的概念。

在表扬我"问得好"之后，德苏萨女士开始解释：在代数等式中，左边（LHS）的 x 代表结果或者解，右边（RHS）的 a、b、c 是变量。也就是说，这些值会在某个范围内变动。在代数中，我们利用 i 来表示变量取值范围的下限，用 j 表示取值范围的上限。例如，如果 a 表示客户退回产品的百分比，那么 i（下限）应该等于 0.00，j 应该等于 1.00 或者 100%。因此，基于每个变量（n）的给定值，以及变量之间的运算符号，左边的结果会有所不同。

30 年后，我意识到，在成本管理中，LHS 代表“要计算的成本”（结果）。RHS 的变量是“成本驱动因素”，因为 LHS 的值取决于不同的 RHS 值。所以，“成本驱动因素”就是对“产生”成本的活动的度量。哦！这也意味着 LHS 真的是一个变化的目标，因为变量是变化的，而不是固定的。我们费尽力气在成本会计的世界里努力为每一个成本要素填上一个数字，但事实上，在报表上的墨迹还没干的时候，这些成本就已经改变了。相反，我们应该关注每一个成本驱动因素的当前值，确定其中的最佳数值，并评估我们可以选择的方案，以更加接近标杆值。

因果关系

在代数课上，你会面对这样一个问题：

A 公司的产能是 1000000 单位，目前的产能利用率是 80%。如果公司的废品率是产出的 2%，废品所消耗的成本为 50 美元，那么这些废品的成本是多少？

为了求解这个问题，你需要建立一个如下所示的方程式：

令：

$x=$	废品所产生的成本	= ?
$a=$	生产能力	= 1000000
$b=$	实际产能利用率	= 0.8
$c=$	废品率	= 0.02
$d=$	废品的单位成本	= 50 美元

求解 x：

$$x = a \times b \times c \times d$$

$$x = 1000000 \times 0.8 \times 0.02 \times 50$$

$x = 800000$（美元）

这是一个很简单的问题，现在看一看我们可以从中学到什么。首先，废品的成本是我们需要计算的。变量 a、b、c 和 d 都是驱动因素，因为是它们产生了 800000 美元（或者其他数字）的成本。如果这些变量中的一个或者多个发生变化，则会直接影响 LHS。每一个驱动因素用一个值来表示，这个值有一定的取值范围。例如，驱动因素 b 和 c 都是百分数。所以它们的下限是 0，上限是 1.00（100%）。成本驱动因素 d 的下限是 0，上限是一个正数，其大小取决于产品和市场。

我们可以针对其中一个驱动因素（比如说 c）提出下面的问题：是什么决定了次品率？换句话说，变量 c 的函数是什么？我们想到的一些因素包括操作人员的技能、原材料的质量、设备的类型、需要调试准备的次数、流程的步骤、客户要求的规格 / 公差等。在 AIM & DRIVE 的术语中，这个函数被称为"战略选择"(strategic options)。战略选择告诉我们怎样才能影响驱动因素，进而影响我们试图管理的成本。我们会在下一章讨论这个问题。现在，我们来看一下供应链中每个关键成本的驱动因素是如何建立起来的。

5.2 在基于公式的成本系统中反映成本驱动因素

图 5.1 显示了基于公式的成本系统的基本原理。好好学习一下。这是为你打开新的成本度量方法之门的神奇公式。

基于公式的成本系统的要点如下：

1. 这个公式以收入驱动因素 (revenue driver) 作为结束。有时候，团队难以确定在哪里停止展开公式。一般的原则是：这个公式应该以收入驱动因素结束。
2. 在供应链中只有一个收入驱动因素。资金进入供应链只有一次，所以，你要一直展开公式，直到最终顾客为产品或者服务付钱的点为止。尽管在计算供应链成本时，这在理论上是正确的，但是很多时候更实际的做法是在为一个项目支付资金的时候结

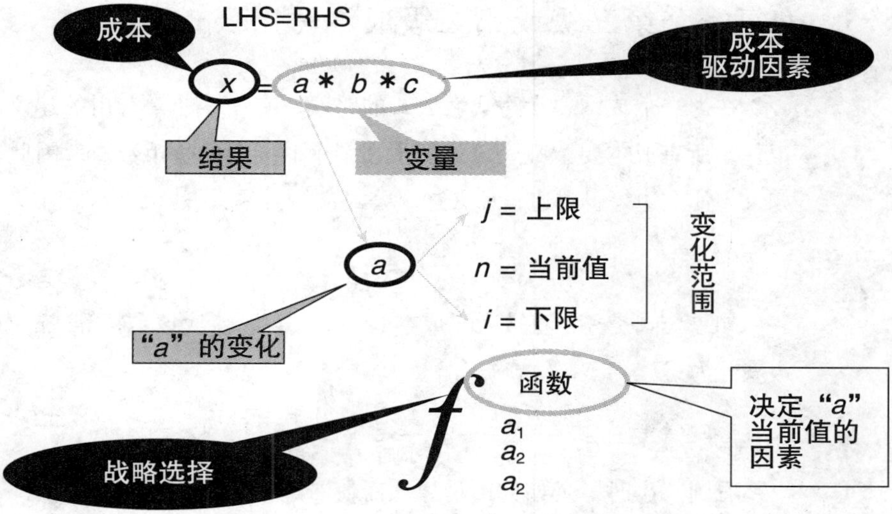

图 5.1　理解基于公式的成本核算体系

束，而不是在整条供应链资金支付的时候结束。

3. 公式中的加号表示是成本要素，而不是成本驱动因素。你应该注意到，在我们前面列举的例子中，等式右边的变量之间是用乘号相连。为什么没有加号或者减号呢？原因是加号或者减号代表着下一层的成本要素，而不是成本驱动因素。
4. 成本要素是某个时期（通常情况下是一年内）的实际支出。
5. 成本驱动因素必须是可以用数字表示的变量。为了使得这个等式有效，右边的所有变量必须可以量化。你不可能用工资费率（单位是美元每小时）乘以“操作者的技能”。这是没有意义的。
6. “定性”因素永远都是“函数或者战略选择”。“操作者的技能”可以出现在这里，因为工资费率这个变量依赖于一些因素，包括操作者的技能。

你可能希望重新阅读一下这些要点。在继续学习本章后面的内容之前，要确保自己真正理解了这些定义以及这些要素之间的相互关系。

5.3 为每一个第二级或第三级成本写出公式

在为一个成本要素写代数公式的时候，有一个非常有用的建议：记住，所有成本要素都应该是发生在某个时期内的货币数量。因此，如果想使左边等于右边，那么这个公式最终会是：

$$\frac{\text{美元}}{\text{年}}=\frac{\text{美元}}{\text{年}}$$

如果公式是关于直接人工成本的，那么第一步应该是将等式的右边展开为：

$$\frac{\text{美元}}{\text{年}}=\frac{\text{美元}}{\text{小时}}\times\frac{\text{小时}}{\text{年}}$$

看到"小时"是如何被消掉从而使右边和左边相同了吗？因此，秘密在于要记住下一个变量的分子要与前一个变量的分母相同。这样，这个等式依然成立。每年的小时数可以进一步分解成：

$$\frac{\text{支付工资的小时数}}{\text{工作的小时数}}\times\frac{\text{工作的小时数}}{\text{年}}$$

现在，等式变为：

$$\frac{\text{美元}}{\text{年}}=\frac{\text{美元}}{\text{小时}}\times\frac{\text{支付工资的小时数}}{\text{工作的小时数}}\times\frac{\text{工作的小时数}}{\text{年}}$$

根据流程，这个等式可以继续展开，使其包括活动数、每个活动的步骤数等。关于劳动力的一般等式类似于下面这个等式：

$$\begin{aligned}\frac{\text{美元}}{\text{年}}=&\frac{\text{美元}}{\text{小时}}\times\frac{\text{支付工资的小时数}}{\text{工作的小时数}}\times\frac{\text{工作的小时数}}{\text{步骤}}\\&\times\frac{\text{步骤数}}{\text{活动数}}\times\frac{\text{活动数}}{\text{完成的活动数}}\times\frac{\text{完成的活动数}}{\text{批次}}\\&\times\frac{\text{批次数}}{\text{生产的产品数}}\times\frac{\text{生产的产品数}}{\text{卖出的产品数}}\times\frac{\text{卖出的产品数}}{\text{年}}\end{aligned}$$

这个公式还可以根据流程进一步展开，但对于目前来说，这已经足够了。一旦团队得到了满意的公式，下一步就是给每一个变量即成本驱动因素命名。在上面的例子中：

- 每小时的美元数是工资率（wage rate）。
- 支付工资的小时数比工作的小时数是劳动力利用率（labor

utilization)。

- 每个步骤的工作小时数是速度（speed)。
- 每个活动的步骤数是加工流（process flow)。
- 活动数与完成的活动数之比是劳动效率（labor efficiency)。
- 每一个批量中完成的活动数是流程要求（process requirement)。
- 批量数与生产的数量之比是批量大小（run size)。
- 生产数与卖出的产品数之比是计划的效率（planning efficiency)。
- 每年卖出的产品数是收入驱动因素（revenue driver)。

我们可以通过在最终的式子中带入实际数字来检验其合理性。

回到我们的故事中。回忆一下，在图 4.7 中，A 公司的客户服务团队选择了以下第二级 / 第三级成本进行进一步分析：

- 直接人工成本（现场服务)。
- 直接材料成本（零件)。
- 运费。

然后，团队为每一个关键成本要素写出一个公式，如图 5.2 所示。

例如，请看一看如何写出现场服务人工成本的公式。团队以最常见的劳动力成本（即以每小时的美元数代表每小时工资率）计算作为开始，然后沿着流程图，确定技师要用多久到达服务现场（表示效率)。现在，这位技师被派到顾客所在地的原因是技术服务中心无法在电话中解决问题。因此，这个公式的下一部分涉及技术服务中心不能通过电话解决问题的百分比，是对技术服务中心效率（或无效率，视情况而定）的衡量。同样，如果客户服务中心在电话中解决了问题，技术服务中心就不会接到这个电话。因此，另一个成本驱动因素应该是客户服务中心的效率。顾客之所以打电话给客户服务中心，是因为市场中的产品出现了问题，这被称为单位产品电话呼叫率（unit call rate)。最后，是卖出的产品产生了收入，这样，我们就停在了收入驱动因素上。这个式子中的一些变量有时候看起来是分子和分母颠倒了。不用担心这一点。你要做的是保持这样一个逻辑：下一个变量的分子与上一个

AIM & DRIVE：计算第二级和第三级成本	
主要成本：保修期内产品的客户服务	
关键成本	成本驱动因素
现场服务人	$\frac{\text{美元}}{\text{小时}} \times \frac{\text{小时数}}{\text{打进电话}} \times \frac{\text{打进电话数}}{\text{TSC 接电话数}} \times \frac{\text{TSC 接电话数}}{\text{CS 接电话数}} \times \frac{\text{CS 接电话数}}{\text{卖出产品数}} \times \frac{\text{卖出产品数}}{\text{年}}$ FS 人工费率；FS 效率；TSC 效率；CS 效率；单位产品电话呼叫率；收入驱动因素
直接材料	$\frac{\text{美元}}{\text{零件}} \times \frac{\text{零件数}}{\text{维修}} \times \frac{\text{维修数}}{\text{维修成功数}} \times \frac{\text{维修成功数}}{\text{卖出产品数}} \times \frac{\text{卖出产品数}}{\text{年}}$ 单位价格；新零件需求；维修效率；次品率；收入驱动因素
运输费用	$\frac{\text{美元}}{\text{公斤}} \times \frac{\text{公斤数}}{\text{零件}} \times \frac{\text{零件数}}{\text{运输}} \times \frac{\text{运输次数}}{\text{年}}$ 运输费率；零件重量；货物尺寸；运输频率

注：

TSC= 技术服务中心（Technical Service Center）

CS= 客户服务（Customer Service）

FS= 现场服务（Field Service）

图 5.2　为找出保修期内产品客户服务成本驱动因素而列出的公式

变量的分母相同。最后，我们关心的是分子和分母的比值或者说二者的关系。同样，每个变量的名字也完全由团队决定。用技术服务中心的效率或者无效率之类的词不会改变成本驱动因素与成本要素之间的因果关系。在给每个第二级或者第三级成本要素写出公式之后，就可以将等式右边的要素（成本驱动因素）列在主表格的 M 列了（如图 5.3 所示）。

要想写出一个好的公式，就需要练习，但熟悉了这种方法后，你就会发现对于任何成本要素来说，构建这样的公式相当容易。我们来看一下图 5.4 中说明书印刷团队建立的公式。思考一下团队采用的这些逻辑。也许该团队想要扩展或者压缩公式的另一部分。这是完全可以接受的。团队应该仔细地研究这一公式，看看它是否支持活动的处理流程，如果有必要，则需要修改公式。

最初你可能认为驱动因素只是纸张的价格和购买数量。但是，当展开这个公式时，你会发现更多的驱动因素，如纸张的重量、手册的详细程度、所涉及的主题个数，甚至包括说明书的组织。我相信，你也会同意与通过谈判使纸张的价格降低 20% 相比，将材料的内容缩减 20% 更容易做到，特别是当你的公司较小时。当我们使用的不是纸张而是印刷电路板、塑料、金属外壳或者其他基本原材料时，你就会发现展开公式的价值。

瓦楞纸箱团队为内衬板、托盘和仓库租金写出了一系列非常好的公式。内衬板的公式体现出了尽可能多地展开公式的价值。它考虑了从购买原材料一直到发货的整个供应链（如图 5.5 所示）。

5.4　案例分析

在 AIM & DRIVE 流程中，写出好的公式非常关键，在了解了 A 公司的三个例子之后，我们再来看一看下面的两个案例，它们涉及软件开发的临时工作和手机电池充电器的电线组装。你可以看到一个相当常见的演变模式。

AIM & DRIVE：主表格						
A　主要成本：保修期内产品的客户服务成本						总支出 = 23206000美元
关键成本	成本驱动因素	关键成本驱动因素	选择的战略声明	行动计划	负责人	预计完成日期
I	M	D	R	I	VE	VE
现场服务人力成本（82%）	现场服务人员工资率 现场服务效率 技术服务中心效率 客户服务效率 单位产品电话呼叫率					
直接材料成本（3%）	部件价格 新部件需求 维修效率 次品率					
运输费用（1%）	运输费率 零部件重量 货物尺寸					

图 5.3　保修期内产品客户服务的主表格

AIM & DRIVE：计算第二级和第三级成本	
主要成本：手册印刷成本	
关键成本	成本驱动因素
设计人工成本	$\frac{\text{美元}}{\text{小时}} \times \frac{\text{小时数}}{\text{页数}} \times \frac{\text{页数}}{\text{主题}} \times \frac{\text{主题数}}{\text{说明书}} \times \frac{\text{说明书数}}{\text{套}} \times \frac{\text{套数}}{\text{Zigmo}} \times \frac{\text{Zigmo数}}{\text{年}}$ 设计人员费率　设计效率　详细程度　包括的主题　内容组织　文件需求　收入驱动因素
直接材料成本(纸张)	$\frac{\text{美元}}{\text{lb}} \times \frac{\text{lb数}}{\text{页}} \times \frac{\text{页数}}{\text{主题}} \times \frac{\text{主题数}}{\text{说明书}} \times \frac{\text{说明书数}}{\text{套}} \times \frac{\text{套数}}{\text{Zigmo}} \times \frac{\text{Zigmo数}}{\text{年}}$ 纸张价格　纸张重量　详细程度　包括的主题　内容组织　文档需求　收入驱动因素
印刷成本	$\frac{\text{美元}}{\text{页}} \times \frac{\text{页数}}{\text{主题}} \times \frac{\text{主题数}}{\text{说明书}} \times \frac{\text{说明书数}}{\text{套}} \times \frac{\text{套数}}{\text{Zigmo}} \times \frac{\text{Zigmo数}}{\text{年}}$ 印刷价格　详细程度　包括的主题　内容组织　文档需求　收入驱动因素
翻译成本	$\frac{\text{美元}}{\text{页}} \times \frac{\text{页数}}{\text{主题}} \times \frac{\text{主题数}}{\text{说明书}} \times \frac{\text{说明书数}}{\text{套}} \times \frac{\text{套数}}{\text{Zigmo}} \times \frac{\text{Zigmo数}}{\text{年}}$ 翻译价格　详细程度　包括的主题　内容组织　文档需求　收入驱动因素

图 5.4　为找出印刷说明书的成本驱动因素而列出的公式

案例 1

一家大型财务服务公司请一家软件开发商提供临时服务，来为一个重大的 IT 项目提供软件编程人员。在该公司所在地区提供相同质量服务的开发商中，每小时 75 美元的报价很有竞争力。这家公司将项目成本进行分解，发现这些程序员的基本工资占到了服务费的 50%，是关键成本。我记得团队领导说他们不可能再降低成本，因为这个服务费已经很有竞争力了，他们不希望因为降低服务费而失去这些优秀的程序员。我让他们写出公式。开始时公式很容易写出来。

$$\frac{\text{美元}}{\text{年}}=\frac{\text{美元}}{\text{小时}}\times\frac{\text{小时数}}{\text{程序员}}\times\frac{\text{程序员数}}{\text{年}}$$

经过进一步讨论，并对这个公式进行展开以反映工序流，我们得到了其基本工资的公式：

AIM & DRIVE：计算第二级和第三级成本

主要成本：瓦楞纸箱成本

关键成本	成本驱动因素
内衬板	$\frac{\text{美元}}{\text{吨}} \times \frac{\text{总吨数}}{\text{MSF板数}} \times \frac{\text{MSF板数}}{\text{可用MSF板数}} \times \frac{\text{可用MSF板数}}{\text{张数}} \times \frac{\text{张数}}{\text{可用瓦楞板张数}} \times \frac{\text{可用瓦楞板张数}}{\text{可用flexo张数}} \times \frac{\text{可用flexo张数}}{\text{箱子数}} \times \frac{\text{箱子数}}{\text{生产合格箱子数}} \times$
	价格　MSF板重量　MSF板产出率　板的大小　瓦楞纸板产出率　flexo板产出率　箱子印刷产出率　箱子处理产出率
	$\frac{\text{生产合格箱子数}}{\text{发运合格箱子数}} \times \frac{\text{发运合格箱子数}}{\text{收到合格箱子数}} \times \frac{\text{收到合格箱子数}}{\text{接受合格箱子数}} \times \frac{\text{接受合格箱子数}}{\text{交给顾客的合格箱子数}} \times \frac{\text{交给顾客的合格箱子数}}{\text{Zigmos数}} \times \frac{\text{Zigmos数}}{\text{年}}$
	报废率　运输损坏　接受率　A公司处理产出率/报废率　包装效率　收入
托盘	$\frac{\text{美元}}{\text{板英尺}} \times \frac{\text{板英尺数}}{\text{购买托盘数}} \times \frac{\text{购买托盘数}}{\text{使用托盘数}} \times \frac{\text{使用托盘数}}{\text{合格托盘数}} \times \frac{\text{合格托盘数}}{\text{层数}} \times \frac{\text{层数}}{\text{箱子数}} \times \frac{\text{箱子数}}{\text{托盘}} \times \frac{\text{托盘数}}{\text{发货}} \times \frac{\text{发货数}}{\text{年}}$
	价格　大小　可再用性　托盘产出率　堆垛效率　每层利用率　托盘利用率　货物尺寸
租金	$\frac{\text{美元}}{\text{平方英尺}} \times \frac{\text{平方英尺数}}{\text{可用平方英尺数}} \times \frac{\text{可用平方英尺数}}{\text{托盘}} \times \frac{\text{托盘数}}{\text{堆}} \times \frac{\text{堆数}}{\text{储存的箱子数}} \times \frac{\text{储存的箱子数}}{\text{购买的箱子数}} \times \frac{\text{购买的箱子数}}{\text{年}}$
	费率　仓库利用率　托盘尺寸　高度　面积利用率　库存管理效率

图 5.5　为找出瓦楞纸箱的成本驱动因素而列出的公式

基本工资	$\frac{美元}{小时}$ × $\frac{付款小时数}{工作小时数}$ × $\frac{工作小时数}{所写程序行数}$ × $\frac{所写程序行数}{所写合格程序行数}$ × $\frac{所写合格程序行数}{可用的程序行数}$ 工资率 劳动力利用率 编程速度 编程效率 与要求的符合性 × $\frac{可用的程序行数}{功能}$ × $\frac{功能数}{软件包}$ × $\frac{软件包数}{平台数}$ × $\frac{平台数}{年}$ 功能复杂性 软件复杂性 软件可再用性 产出发布

很明显，人们想到的第一个成本驱动因素是工资率。但是，有经验的管理者列出了更多的成本驱动因素，包括劳动力利用率、编程速度、编程效率、与要求的符合性、功能复杂性、软件复杂性、软件可再用性和产品发布。现在，关注点突然从降低服务费率转到了检查程序员编写代码的方法以及这些程序是否能够用在其他财务软件包中。我们还了解到，在程序员编写了几千行程序之后，客户常常改变主意，去掉某些功能或者特性，或者加入一些别的东西。这样，花费在编写优秀代码上的所有时间和资金就都被浪费了。

案例 2

我的第一个 AIM & DRIVE 讲座面对的是一家大型手机生产商的高级经理和产品领导。我决定根据真实的产品为他们写出公式。一名参加者拿出一个电池充电器，递给我。"我负责这个充电器内的电线组装，"他说，"你能告诉我一些我不知道的降低这一组件成本的方法吗？"我请他帮助我找出关键成本要素，而他立刻回答道："材料成本占了价格的 2/3。"经过进一步考虑之后，他说电线和连接器是材料成本的主要组成部分，因此我们决定将电线成本作为我们编写公式的目标。同样，开始时，这个公式相当短：

$$\frac{美元}{电线} \times \frac{电线数}{年}$$

他们还提醒我，各个变量都没有改进的空间了，因为公司在市场上购买电线的价格是最低的，而且他们肯定不会减少购买电线的数量。我们决定绘制一份粗略的流程图，然后建立了下面的公式，在这个公式中列出了很多其他的成本驱动因素：

$$\text{每年的电线成本}=\underbrace{\frac{\text{美元}}{\text{米数}}}_{\text{电线价格}}\times\underbrace{\frac{\text{米数}}{\text{卷}}}_{\text{一卷电线的长度}}\times\underbrace{\frac{\text{卷数}}{\text{切成段数}}}_{\text{电线长度}}\times\underbrace{\frac{\text{切成段数}}{\text{合格段数}}}_{\text{切割效率}}\times\underbrace{\frac{\text{合格段数}}{\text{组装}}}_{\text{组装设计}}$$

$$\times\underbrace{\frac{\text{组装数}}{\text{合格组装数}}}_{\text{组装合格率}}\times\underbrace{\frac{\text{合格组装数}}{\text{生产的充电器数}}}_{\text{生产计划效率}}\times\underbrace{\frac{\text{生产的充电器数}}{\text{卖出的充电器数}}}_{\text{预测的准确性}}\times\underbrace{\frac{\text{卖出的充电器数}}{\text{年}}}_{\text{收入}}$$

每米电线的购买价格也许不能再降低，但是肯定还有其他的成本驱动因素可供考虑。也许可以考虑一下电线的长度。在这个案例中，我们将电线长度作为一个成本驱动因素，继续 AIM & DRIVE 流程其余的步骤，并决定将电线的长度缩短 30%。这个决定并不会影响电线的质量，也不会影响充电器的使用。但是，这确实可以节省几百万美元，同时，充电器的使用者（最终客户）甚至不会注意到产品的差别。

现在，你应该非常清楚如何建立成本驱动因素的列表了。从定义上来看，成本驱动因素引起了目标成本要素的上升或者下降。试图管理每一个成本驱动因素是没有意义的。进行 AIM & DRIVE 流程的下一个步骤——确定关键成本驱动因素并建立战略选择——会更有意义。

第三步检查清单：衡量处于第二位和第三位的成本

- ❑ 选择第二步中找出的关键成本。
- ❑ 为每一个关键成本写出一个公式，记住：
  - 目的不是计算数字，而是找出成本驱动因素。
  - 公式的左边（LHS）必须等于右边（RHS）。
  - 公式的左边表示要度量的成本要素。
  - 公式的右边表示成本驱动因素。
  - 除非成本驱动因素是一个常数，否则它会在一个范围内变化。
- ❑ 尽可能地展开公式。
- ❑ 给公式中的每一个变量（成本驱动因素）命名。
- ❑ 公式的结尾一般是收入驱动因素。

第 6 章

确定关键成本驱动因素并制定战略选择

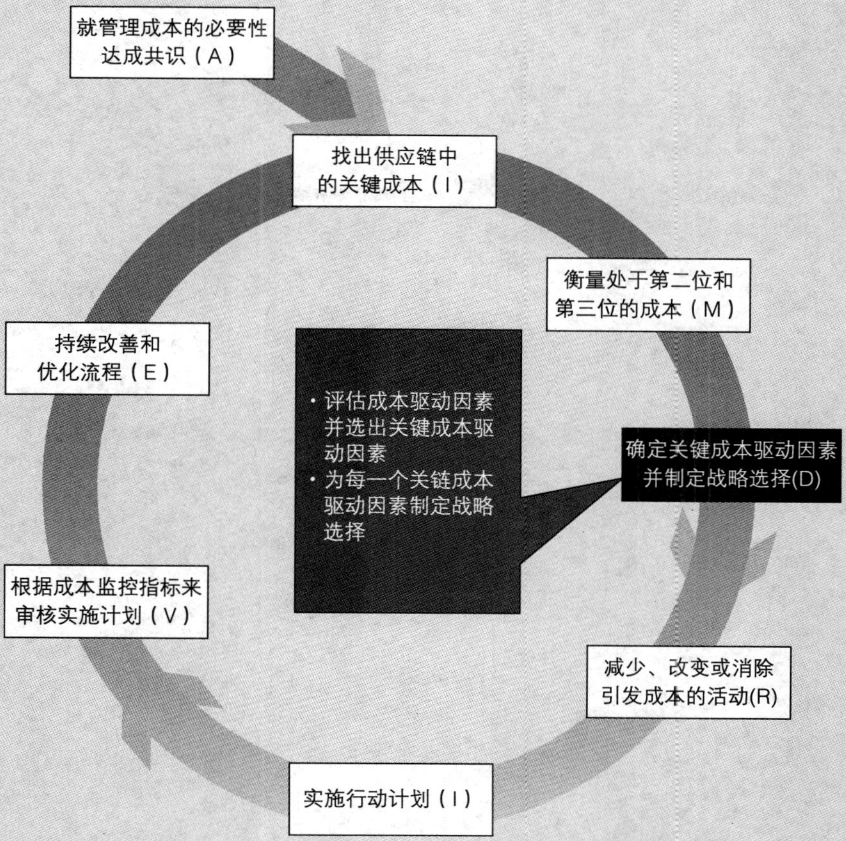

在了解了基于公式的成本核算的原理后，你应该能够轻松地找出成本驱动因素。它其实就是数学公式中等号右边的一个变量。然而，有时候我向参加研讨班的那些来自世界上最好的公司的员工提出“操作者的技能是否可以作为一项成本驱动因素”这一问题时，得到的回答是“可以”。你怎么想？我敢保证你是这样认为的：业务人员的技能当然是一项成本驱动因素了，因为它会产生废料和直接人工等成本。好吧，试着写出下面这个公式：

$$\text{直接人工成本}=\frac{\text{美元}}{\text{小时}}\times\frac{\text{小时数}}{\text{任务}}\times\text{操作者的技能}$$

这个公式有意义吗？没有。那么，你现在应该接受这样一个事实：不管别人怎么说，只要不是出现在等号右边，那就不是一项成本驱动因素。通常来说，公差、材料质量、人员技能、设备的类型等因素是函数或者战略选择，因为这些因素决定了等式中变量的当前值。

AIM & DRIVE 流程的第四步要求你的团队重新审视从前面几步的公式中得到的成本驱动因素，然后选择你们认为最关键的成本驱动因素。也就是说，应该选择这样的变量：如果它们发生变化，将对你正在设法管理的成本造成最大的影响。

6.1 重新评估当前成本驱动因素

再看一看你写出的公式，看看还有没有可以扩展的地方。问问自己，这个公式是否对你自己和整个团队有用。有时候，为了使公式更加完美，你可能还需要乘上一个因子。例如，假设你正在写一个公式，计算制作电脑所需的塑料材料，那么这个公式可能是这样的：

$$\frac{\text{美元}}{\text{年}}=\frac{\text{美元}}{\text{千克}}\times\frac{\text{千克数}}{\text{平方厘米}}\times\frac{\text{平方厘米}}{\text{张}}\times\frac{\text{张数}}{\text{电脑}}\times\frac{\text{电脑数}}{\text{年}}$$

在对公式进行评估时，你可能会意识到你还没有考虑产出损失。

此时，你可以修改公式，用整个公式除以产出，或者加入下面这个变量：

$$\frac{平方厘米}{张} \times \frac{张数}{合格张数} \times \frac{合格张数}{电脑}$$

其中，“张数 / 合格张数”这个变量包含了这样一个影响因素，即为了制造一定数量的电脑，你购买塑料板的数量要超过需要的数量，因为你会报废其中几张存在质量或其他问题的塑料板。而如果可以重新利用被你丢弃的塑料板，那么这个公式会更加复杂。我希望你能够理解其中的重点。审视成本驱动因素，如果发现自己遗漏了能造成等式左边值发生变化的变量或因子，那就重写你的公式。

6.2 通过观察来选取关键成本驱动因素

对公式感到满意后，就可以为每一项成本列出其驱动因素（在图 5.2 中，A 公司的客户服务团队已经完成了这一步）。现在讨论一下每个驱动因素对选定的一个或者多个成本要素的影响。在“十米内经理们”的帮助下，你应该可以看出哪一个或者哪几个驱动因素是影响最大的。有些人认为用一种主观的方法找出关键成本驱动因素是不明智的。如果这个决定是由一个对流程不了解的人做出的，那么我会同意这个观点。但是，你有一个团队，他们对流程、关键成本以及某个成本驱动因素可以改进的程度非常了解。有时，你需要做的就是利用常识。比如，在客户服务成本的例子中，让我们再来看一下总成本，如图 6.1 所示。现在，看一下如图 6.2 所示的主表格。在这个列表中选出三个你认为最关键的成本驱动因素，然后将它放在一边。不久之后，我们也许就可以看出你与 A 公司团队的选择有多么相似。

在通过观察做出选择的过程中，有一些需要考虑的因素：

1. 如果你有多个二级或者三级成本，你怎样将 100 美元分摊到每种成本中呢？这与设定权重是相同的。
2. 哪种成本的值最大？
3. 在公式中，某种成本对应的变量有哪些？
4. 是不是有一些变量在不止一个成本要素中出现过？

5. 每个变量对于给定成本要素的影响程度（高 / 中 / 低）如何？

6. 每个变量的当前值是多少？

7. 各个变量的标杆值是多少？有没有改进的空间？

8. 你和你的团队可以影响这个变量吗？

	活动细节	公式（如果有的话）	估计值(美元)
1	300000 个打进客户服务中心的电话，平均每个电话 2 分钟，每分钟 0.50 美元	(300000 × 2 × 0.50)	300000
2	200000 个电话转给 F 公司的技术服务中心。每个电话 4 分钟，服务费：150 美元 / 小时	(200000 ÷ 15 × 150)	2000000
3	技术服务中心解决的 1000 个电话所需部件：每个部件 70 美元	[1000 × （40+20+10）]	70000
4	64000 个现场服务电话，平均每个电话 2 小时，费率为 150 美元 / 小时	(64000 × 2 × 150)	19200000
5	现场服务需要的部件成本：90% 的电话得以解决，其中 2800 个电话需要部件，每个部件 70 美元	(2800 × 70)	196000
6	将有问题的产品运回区域服务中心并进行维修的成本：6400 个中有 4480 个可以维修，每个成本是 180 美元	[4480 × （300+20+85-225）]	806400
7	将有问题且无法维修的产品运回区域服务中心的成本：1920 个报废，每个成本是 330 美元	[1920 × (300+20+10)]	633600
	保修期内产品客户服务的总成本		23206000

图 6.1　保修期内产品客户服务的估计成本

6.3　建立选择关键成本驱动因素的模型

如果你不喜欢通过观察选择关键成本驱动因素，那么你可以将你的想法融入模型中，然后进行选择。图 6.3 就显示了这样一个模型。首先在主表格（如图 6.2 所示）的 I 列中列出第二级 / 第三级成本。对于 A 公司的客户服务团队来说，成本要素包括直接人力成本、直接材料成本和运费。然后，设定每个成本要素的权重。要记住，所有

AIM & DRIVE：主表格						
A 主要成本：保修期内产品的客户服务成本						总支出＝23206000美元
关键成本	成本驱动因素	关键成本驱动因素	选择的战略说明	行动计划	负责人	预计完成日期
I	M	D	R	I	VE	VE
现场服务人力成本（82%）	现场服务人员工资率 现场服务效率 技术服务中心效率 客户服务效率 单位产品电话呼叫率					
直接材料成本(3%)	单位价格 新部件的需求 维修效率 次品率					
运输成本(1%)	运输费率 部件重量 货物尺寸					

图 6.2　保修期内产品客户服务的主表格

权重的和是 100%。你可以利用实际的数据，也可以从一个样本中得到数据，来设定权重。A 公司的客户服务团队结合了实际数字和估计数字，设定直接人力成本的权重为 90%，直接材料成本的权重为 7%，运费的权重为 3%（如图 6.3 所示）。

在为选定的第二级 / 第三级成本分配了权重之后，在主表格（如图 6.2 所示）的 M 列中列出所有的成本驱动因素（公式中的变量）。对于 A 公司客户服务团队来说，这些驱动因素包括：

- 客户服务中心接到的电话总数。
- 这些电话转给技术服务中心的百分比。
- 转给技术服务中心的每个电话的通话时间。
- 每小时的工资。
- 转给技术服务中心的电话中，需要现场维修的百分比。

……

如果有些驱动因素不止在一个公式中出现，那么只列一次。现在，估计一下驱动因素的当前值（水平）。由于会计系统可能无法提供所有的相关数据，因此做到这一点并不容易。同样，你可以用样本值来代替实际数据。幸运的是，A 公司有足够的数据来帮助这个团队。例如，有 300000 个电话打给客户服务中心，其中 67% 转给了技术服务中心。转给技术服务中心的电话中，有 32% 需要现场维修。打给技术服务中心的电话平均时长为 4 分钟，平均每小时费率为 150 美元。

在以矩阵的形式列出成本和成本驱动因素之后，我们需要讨论一下每个成本驱动因素对于各种成本的影响。如果你认为一个驱动因素对成本的影响很大，可以用 5 来表示，如果影响中等，就用 3 来表示，如果影响很小，就用 1 表示，如果没有影响，则用 0 表示。一个重要的原则是：公式中成本要素的驱动因素的值一定要大于 0。类似地，如果这个驱动因素没有在成本要素的公式中出现，那么其值一定等于 0。讨论每个驱动因素对于各成本要素的影响是一项无聊的工作。你需要参考流程图以及“十米内管理者”的意见。虽然理想状态是达成共识，但我们不应该浪费过多的时间来争论某一项只占总成本 3% 的

AIM & DRIVE：度量第二级和第三级成本								
主要成本：保修期内产品的客户服务成本								
(D) 定义关键成本驱动因素								
	成本要素 说明：5＝高，1＝低 3＝中等，0＝无影响							
	人力(现场服务技师)	直接材料(零部件)	运费	得分(I×RP)	当前水平	可能改善程度H/M/L	能产生影响吗?	是否选择?
成本驱动因素	相对比例（RP）（总计＝100%） 95	4	1					
人力费率（美元/小时）	5	0	0	4.75	150	L		
现场服务效率(小时数/打入电话数)	3	0	0	2.85	2	H	Y	Y
技术服务中心效率(打入电话数量/技术服务中心电话数量)	5	0	0	4.75	32	H	Y	Y
客户服务效率(技术服务中心电话数量/客户服务电话数量)	3	0	0	2.85	67	H	Y	Y
单位产品电话拨打率(打入客户服务中心的电话数量/单位)	1	0	0	0.95	300000	M		
单位价格（美元/件）	0	5	0	0.2	0	L		
新部件需求（部件数量/维修数）	0	5	0	0.04	2	L		
维修效率（维修数/维修成功数）	0	1	0	0.12	1.05	L		
次品率（维修成功数/销售量）	0	3	0	0.12	4480	M		
运输费率（美元/千克）	0	0	5	0.05	6.25	L		
部件重量（千克/每件）	0	0	5	0.05	0.8	L		
货物尺寸（部件数/每批货物）	0	0	5	0.05	2	L		
发货频率（发货批数/年）	0	0	5	0.05	25000	L		

图 6.3　为保修期内产品的客户服务定义关键成本驱动因素

成本影响因素到底是 1 还是 3。

6.4　成本驱动因素的权重

在矩阵中的每个格子中填入影响值之后，下一步就是确定哪个成本驱动因素对总成本的影响最大。当然，如果列在模型左边的成本要素的值大致相等，那么你就需要将矩阵中每一栏的值相加，然后选出一个或者几个最高的。但多数情况是，各个成本要素的值并不相同，在客户服务的例子中也是这样。这就是为什么我们要设定权重。对于每一列来说，我们应该将影响值与每个成本要素的权重分别相乘，然后将这些值相加。这就是每个驱动因素影响的加权值。例如，在图 6.3 中，团队计算了“技术服务中心接到的电话中需要现场维修的百分比”这个成本驱动因素的加权值，如下所示：

对直接人工成本的影响（95%）=5

（平均每次现场维修的人工成本是 300 美元）

对直接材料成本的影响（4%）=0

（这个变量没有出现在直接材料成本的公式中）

对运费的影响（1%）=0

（这个变量没有出现在运费的公式中）

那么这个成本驱动因素的加权值应该是：

$$(5\times0.95)+(0\times0.04)+(0\times0.01)=4.75$$

6.5　改进的空间

观察图 6.3 中成本驱动因素的加权值。我们可以从加权值最高的 4 个或 5 个驱动因素开始。在 A 公司的例子中，排在前 4 位的成本驱动因素是：

- 技术服务中心效率　　4.75
- 人力费率　　4.75

- 客户服务效率　　　2.85
- 现场服务效率　　　2.85

对于每一个驱动因素，需要比较其当前值和标杆值。确定标杆值是一件非常棘手的工作。有些情况下，标杆值可能是理论上的最大值或者最小值（如100%的产出率，或者所有问题都能通过电话解决，不需要进行现场维修）。通常情况下，行业最优水平是在进行竞争分析后得出的，或者是相应行业中最佳公司的标杆值，或在全世界寻找最低的材料、人力和生产成本。一个恰当的例子是F公司的每小时费率。虽然看起来每小时150美元非常高，但是对其他服务提供商费率进行的竞争性分析表明，平均的费率是每小时185美元。在提供类似质量服务的公司中，价格在150美元以下的只有两家（它们的费率都是每小时145美元）。因此，团队认为这一费率是重要的驱动因素，但改善的空间较小。

在确定一个成本驱动因素是否有改善空间时，关键的问题是："如果达到理论上的极限，产品或服务的技术、质量、安全、周转时间是否会受到损害？"在确定现场维修技师的工资率时，有人可能会认为"理论上的"最小值应该是最低工资率加上一些法定成本（如工资税）。而实际上，在我们的例子中，只有5美元的改善空间，即从每小时150美元降到每小时145美元，仅改善了3.33%。而需要现场维修的电话百分比现在的水平是34%，要把它降低到10%以下，则存在着很大的改善空间。同样，从客户服务中心转到技术服务中心的电话百分比和每次现场维修花费的时间也是如此。最好是与你的团队讨论每个条目，然后确定各驱动因素是否存在改善的空间。

在选定了存在改善空间的关键成本驱动因素，并确定你可以影响这些因素之后，将它们列入主表格的D列中，如图6.4所示。

6.6 为选定的成本驱动因素建立战略选择

既然你已经选择了关键成本驱动因素，那就需要问自己一个非常

AIM & DRIVE：主表格						
A　主要成本：保修期内产品的客户服务成本						总支出=23206000美元
关键成本	成本驱动因素	关键成本驱动因素	选择的战略声明	行动计划	负责人	预计完成日期
I	M	D	R	I	VE	VE
现场服务人力成本	现场服务人工费率 现场服务效率 技术服务中心效率 客户服务效率 单位产品电话呼叫率	现场服务效率 （小时数/需现场服务的电话）				
直接材料成本	单位价格 新部件需求 维修效率 次品率	技术服务中心效率 （需现场服务的电话数量/打到技术服务中心的电话数量）				
运费	运输费率 部件重量 货物体积	客户服务效率 （打到技术服务中心的电话数量/打到客户服务的电话数量）				

图 6.4　保修期内产品客户服务成本的主表格

简单的问题：是什么决定了每个成本驱动因素的数值？答案就是你的函数或者说战略选择。在与跨职能团队合作时，你应该学会尊重不同的团队成员从不同角度提出的观点。我来总结一下 A 公司团队和 F 公司团队进行讨论的情况。我们将只关注一个成本驱动因素，即技术服务中心接到的电话中需要现场维修的百分比。

从图 6.3 中可以看出，目前技术服务中心的电话中有 32% 需要现场维修。是哪些因素决定了这一数值？团队讨论了图 6.5 中列出的函数：

- 出现故障的次数。毫无疑问，如果产品没有出现故障，就不需要进行现场维修。但是，公平地说，在第一年卖出的大约 100 万件 Zigmo 中只有 1920 件无法修复还是一个不错的成绩。而且，公司还有一个质量控制部门一直在努力降低次品率。因此，团队决定继续对其他战略选择进行分析。
- 技术服务中心技术人员的技能水平。为了能通过电话解决客

AIM & DRIVE：建立战略选择

主要成本：保修期内产品的客户服务成本

关键成本		
A	现场服务人力	82.0%
B	直接材料（零件）	3.0%
C	运费	0.5%

关键成本驱动因素

	A		A		A
排名	小时数 / 需现场维修的电话	排名	需现场维修的电话数 / 打给技术服务中心的电话数	排名	打给技术服务中心的电话数 / 打给客户服务的电话数
	现场服务效率		技术服务中心效率		客户服务效率
	函数：		函数：		函数：
1	现场维修技师的技术水平		出现故障的次数		出现故障的次数
	任务的明确性		技术服务中心人员的技术水平	6	接线员的技术水平
	问题的复杂程度		问题的复杂程度		问题的复杂程度
	客户所在地		客户对产品的了解程度		客户对产品的了解程度
	可用的工具类型	5	技术服务中心工作量的水平		客户服务工作量的水平
2	档案的水平	4	用户手册的清晰性		用户手册的清晰性
	客户对产品的了解程度	3	客户的期望水平		
	标准工具箱的数量		建立时间期限		
	客户所在地的大小				

图 6.5 为保修期内产品客户服务中的关键成本驱动因素建立战略选择

户的问题而避免进行现场服务，技术服务中心的技术人员需要具备两种技能。首先，技术人员要具备必要的技术背景和经验，从而可以评估故障情况，并确定一种解决方案。事实上，F 公司的大部分工程师都具备必要的技术能力。然而，正如会议上指出的，他们缺乏沟通技能。如果无法通过电话把解决方案传达给一个可能不太懂技术的顾客，那么即使已经有了解决方案也无济于事。根据会议上一位技术人员的说法，一些客户“非常笨”，甚至不能进行最简单的操作，因而公司不得不派现场服务人员到客户所在地。我们必须提醒技术人员：客户不会为了拥有了一个 Zigmo 而必须成为技术高手，相反，技术人员需要使用外行人的表达方式。

- 问题的复杂性。在很多情况下，问题非常复杂，或者是客户无法向技术人员描述故障情况，或者是技术人员无法通过电话解决问题。在这些情况下，为了了解出现的故障，必须进行现场维修。
- 客户对产品的了解程度。A 公司的客户群体极具多样性。在某些情况下，客户本身就是技术人员，他们喜欢自己拆开产品，然后进行一些应急维修。在其他情况下，用户被 Zigmo 的复杂程度吓到，甚至不敢冒险拆下后面的螺丝。显然，在大多数情况下，后者需要更多的实际操作支持和现场维修。
- 技术服务中心员工的工作量水平。这是一个非常“政治化”的问题。根据一位技术服务中心主管的说法，一家著名的管理咨询公司最近提出了一项业务流程再造计划，其中一项建议是将技术服务中心的规模缩减 20%。这个建议对于管理者来说意味着：“让你的员工更聪明地工作。”根据这个收费不菲的咨询公司的建议，每个电话平均应该在 4 分钟之内完成，而现在的平均时间为 5 分钟。为了确保让技术人员意识到时间限制，这家咨询公司建议为技术服务中心配备新的电话。这种电话可以显示每个来电的时间，提示技术人员还剩下 1 分钟，并用最恼人的信息建议技术人员记录下客户的信息并派出现场服务代表。我记得那位主管在向其他团队成员描述这一情况时，愤怒得满脸通红。“有时候，我的技术人员沮丧到对着电话大喊‘闭嘴’，然后再花超过4分钟的时间向被惊呆的顾客解释不是在跟他讲话。”一位技术服务中心的工程师插嘴说，有很多次，只要再给他们几分钟的时间就可以解决某个问题，但是他们不得不遵守管理规程，结束通话，然后派出一位工程师到客户所在地(每小时需要150美元的成本)。相信我，这个团队很想痛斥一顿那家咨询公司和他们的管理层。

- 用户手册的清晰程度。你是否买过服务手册非常复杂的产品？非常遗憾，Zigmo的用户手册就非常复杂。对一些无技术背景的用户进行的一次快速调查表明：只有不到15%的人阅读了用户手册。这些手册是工程师写的，也是为工程师写的。普通用户认为手册写得太复杂、太混乱，而不是以客户为本。毫无疑问，这种手册对普通用户没有用，许多新用户甚至不愿意费力去撕开手册的包装。是不是听起来很熟悉？对于这些用户来说，打一个免费电话然后要求对方立即派一名现场维修技师来为他们解决问题则要容易得多。通常，他们没有兴趣在电话中描述故障情况，更不用说听技术人员告诉他们解决方案然后自己动手解决问题了。
- 客户期望的水平。在前面的讨论中，这个团队的重点显然放在如何降低成本上。但是，一名营销代表指出：这个团队没有意识到客户服务的存在就是为了满足客户的需求。她还注意到，当要求客户在电话上与技术服务代表打交道时，他们会觉得自己受到了轻视。也许他们会有这样一种感觉：除非派出现场服务代表到他们的所在地解决问题，否则就会认为公司的服务水平很低。我记得那位营销代表对A公司的团队说：“对于一些重要的客户，即使派出现场服务代表要花更多的钱，我也愿意从预算中支付。和损失一份几百万美元的合同相比，几千美元算什么？”团队的其他成员也同意她的说法：

不管你喜欢与否，某些客户在遇到问题的时候，都希望看到有一个人到现场来进行维修，而不是在电话中向技术服务代表解释故障情况。

A 公司的另外两个团队决定通过观察来确定关键成本驱动因素。这样做很好，因为他们的团队中有合适的人选，并且在选择关键成本驱动因素时遵循了正确的方法。你可以想象一下，如果用户手册中 84% 的成本是纸张成本，那么他们应该选择纸张的价格作为最大的成本驱动因素（如图 6.6 所示）。但他们并没有这样做。这并不表示他们不想降低纸张的价格，而是因为他们意识到：手册的详细程度（它决定了手册的总页数）对材料、设计、印刷和翻译等成本的影响比其他因素大得多。

AIM & DRIVE：定义关键成本驱动因素

主要成本：用户手册印刷成本

关键成本	排名	设计成本	排名	直接材料成本（纸张）	排名	印刷成本	排名	翻译成本
占供应商成本的比例（%）		4%		84%		10%		2%
成本驱动因素	 1 2	设计人工费率 设计效率 详细程度 涵盖的主题 内容的组织 文档需求 收入驱动因素	3 1 2	纸张价格 纸张重量 详细程度 涵盖的主题 内容的组织 文档需求 收入驱动因素	 1 2	印刷价格 详细程度 涵盖的主题 内容的组织 文档需求 收入驱动因素	 1 2	翻译价格 详细程度 涵盖的主题 内容的组织 文档需求 收入驱动因素

图 6.6　通过观察得到的印刷用户手册的关键成本驱动因素列表

在将详细程度、印制数量（文档需求）和纸张价格列为三个主要成本驱动因素后，请注意团队如何为每一个成本驱动因素列出一系列战略选择（如图 6.7 所示）。再说一遍，这是一个点子库（idea bank），所以请仔细看一看他们为纸张价格列出了哪些战略选择：纸张的等级、市场力量、供应商数量、供应商位置、采购数量、需求稳定性、供应商的采购效率和供应商的产能。成本驱动因素还可能是其他商品的价格。这就是把想法写下来的好处。其他团队也可以从中受益。这一列表只会变得越来越完善。

瓦楞纸箱团队针对图 6.8 中的每一项成本要素都列出了所有的成本驱动因素。他们通过观察选出了三项关键成本驱动因素：瓦楞纸板的价格、托盘的使用率和报废水平。与另外两个团队一样，这个团队也对三个成本驱动因素分别写出了详细的战略选择列表，如图 6.9 所示。接着，他们对战略选择进行了排序，并将不同的托盘数量和瓦楞芯板（middle liner board）的类型作为其战略选择，然后据此进行风险—收益分析（risk-benefit）。

在对每一个要素列出关键成本驱动因素和战略选择后，你就可以开始执行 AIM & DRIVE 流程的下一步，即“减少、消除或改变产生成本的活动”。

AIM & DRIVE：制定战略选择

主要成本：用户手册印刷成本

	关键成本	
A	设计人工	4%
B	直接材料（纸张）	84%
C	印刷	10%
D	翻译	2%
	总计	100%

关键成本驱动因素

排名	A,B,C, D(100%)	排名	A,B,C,D (100%)	排名	B(84%)
排名	页数 主题	排名	每套的册数 Zigmo	排名	美元 磅
	详细程度		**文档需求**		**纸张价格**
	信息量			4	**纸张等级**
	页面布局（大小、页边空白、字符）		客户的要求		市场力量
	图形数量	3	客户购买Zigmo的数量		供应商数量
2	**其他媒介信息所占比例(%)**		**购买多个Zigmo的客户数量**		供应商所在位置
					采购量
1	**预先加入的功能数量**				数量的稳定性
	使用的语言				供应商外包能力

图 6.7 用户手册印刷关键成本驱动因素战略选择列表

AIM & DRIVE：定义关键成本驱动因素						
主要成本：瓦楞纸箱成本						
占总供应商成本的比例(%)		37%		4%		9%
关键成本	排名	纸板	排名	托盘	排名	租金
成本驱动因素	1	**瓦楞纸板价格**		托盘价格		租费率
		组合		尺寸		仓库使用率
		MSF板重量		可重复使用性		托盘尺寸
		MSF板合格率		托盘合格率		高度
		瓦楞芯板的尺寸		堆垛效率		空间利用率
		瓦楞芯板合格率		各层使用率		库存管理效率
		Flexo芯合格率	2	**托盘使用率**		
		纸箱印刷合格率		货物尺寸		
		纸箱处理合格率				
	3	**报废率**				
		运输损坏				
		供应商接受率				
		供应商处理合格率				
		最终运输损坏				
		A公司				
		接受率				
		处理合格率				
		报废				
		包装效率				

图 6.8　通过观察为瓦楞纸箱列出的关键成本驱动因素

AIM & DRIVE：制定战略选择

主要成本：用户瓦楞纸箱成本

关键成本		
A	瓦楞芯板	
B	中间物C	
C	瓦楞芯纸	37.0%
D	中间物E	
E	外衬纸	
F	托盘	4.0%
G	租金	9.0%

关键成本驱动因素		B, D		A B C D E		F
	排名	美元/吨	排名		排名	# boxes/pallet
		瓦楞芯板价格		**报废**		**托盘利用率**
		函数：		**函数：**		**函数：**
		市场条件		预测的准确性		材料
		木屑价格		规划流程的效率		货车的高度
		老瓦楞纸箱价格		超标数量		纸箱的尺寸
		能源成本		每批次的数量		托盘的尺寸
		地理位置		沟通的水平	1	**可选托盘的数量**
		所处的月份		产品生命周期		凹槽的类型
		供应商数量		市场稳定性		
	2	**瓦楞纸板的类型**		产品设计的变更		
		凹槽的类型		产品的验收		
		采购量的影响				
		采购量承诺				
		提前期				

图 6.9　瓦楞纸箱关键成本驱动因素的战略选择列表

第四步检查清单：定义关键成本驱动因素并建立战略选择

- ❑ 列出在第二步中找出的关键成本要素。
- ❑ 根据你的公式为每一个成本要素列出驱动因素。
- ❑ 去掉重复的成本驱动因素。
- ❑ 根据各成本要素的值分配权重。评估每一个成本驱动因素对相应成本要素的影响。
- ❑ 计算每一个成本驱动因素的加权影响值。
- ❑ 确定列出的成本驱动因素的当前值。
- ❑ 确定各成本驱动因素的改善潜力。
- ❑ 确定团队是否能够影响各成本驱动因素的值。
- ❑ 根据你的计算（矩阵）或观察，选择三个或四个关键成本驱动因素。
- ❑ 对于选出的每一个成本驱动因素，找出尽可能多的影响因素。
- ❑ 根据这些因素对制定战略的重要性进行排序。
- ❑ 选择四五个因素或者战略选择，以进行流程的下一步。
- ❑ 更新主表格。

第 7 章

减少、消除或改变引发成本的活动

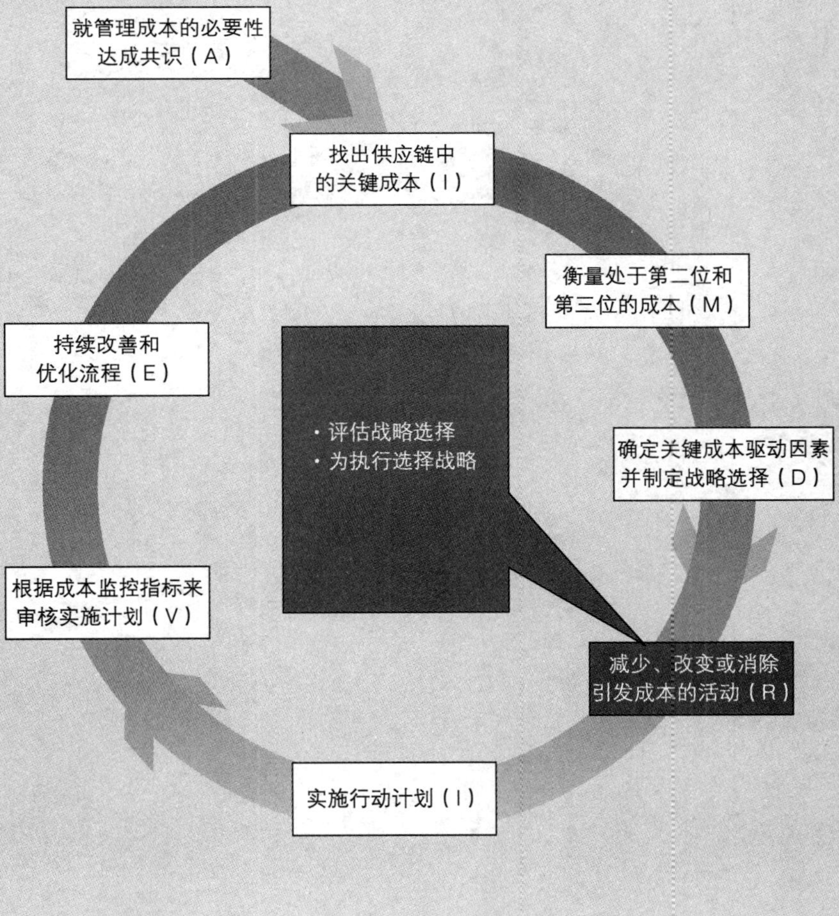

在与来自不同产业的无数团队进行合作后，我得出结论：制定战略被许多成本管理团队认为是一种理论上的训练。出于某种只有他们自己才知道的原因，这些团队认为，通过讨论一些不同的选择并从中选出一个或多个项目，就可以在供应链中消除成本。那为什么还要不辞辛苦地制定战略呢？这个问题提得很好。AIM & DRIVE 流程第五步的目的是要求团队认真思考在前一个步骤（定义关键成本驱动因素并制定战略选择）得到的战略选择，以提出可行的选择，讨论不同的约束、风险和收益，然后选出能够为供应链带来最佳结果的选择。制定战略的另一个正当的理由是：并不是每个人都会年复一年地从事同一种工作。他们的想法需要被记录下来并被后来者利用。在考虑战略选择并进行风险—收益分析（risk-benefit analysis）之前，我们应该关注一些一般性战略，这些战略在某些情况下（取决于这一战略的风险及预期收益之间的平衡）非常有效。下面将讨论一个典型的风险—收益模型。

7.1　风险—收益模型

战略选择告诉我们"如何"减少、改变或消除一个成本驱动因素，以影响特定的成本要素。有时候，由于客户和供应商之间存在着特殊的情况或关系，我们可能无法采用某种特定的战略选择。仔细地观察一下图 7.1 中的四个象限。每一个象限都代表着在特定情况下可能存在的关系类型。

下面我们对每一个象限进行更加详细的说明。

7.1.1　"标准"区域

左下角的象限被认为是"低收益—低风险"或"标准"区域。一般来说，这个区域的特点是存在着大量的低价值产品或服务的提供商。

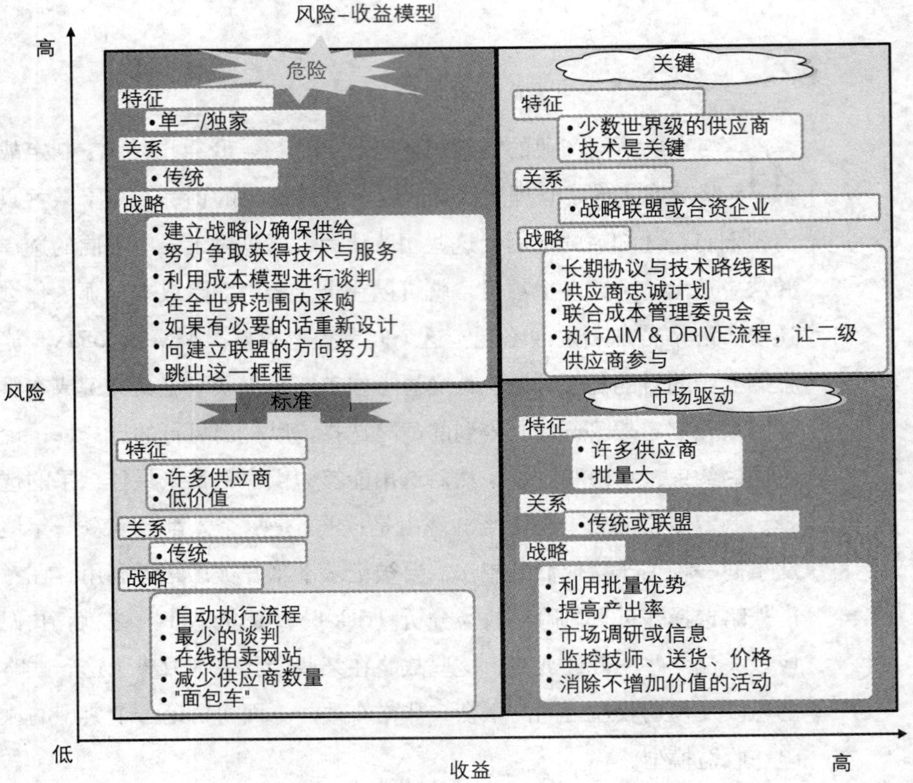

图 7.1　选出适当战略选择的风险—收益模型

客户和供应商之间的关系通常是传统型的，这并不是因为伙伴关系不适用，而是因为在制定战略时没有给予其最高优先级。在“标准”区域有效的战略选择包括：

- 订单履行流程自动化。
- 最小化用于谈判的时间和精力。
- 减少供应商数量。
- 应用“面包车”（bread van）概念。

由于“标准”区域的特点是低价值的产品和服务，因此在繁文缛节上花费大量的时间毫无意义。在这种情况下，“采购卡”（procurement card）就非常有效。或者，如果没有公司信用卡（corporate credit card)，那么最好允许买方使用他或她的个人信用卡，并允许他或她在一周或两周内偿还。你会认为大多数大公司会这样做，对不对？然而，有时候买方必须发出一个报价要求、接受报价、发出采购订单、安排产品的运送、开具发票（一式三份），并签发一张金额为 9.95 美元的“巨额”支票，只是为了买一本书。

有时候，顾客会沉迷于每次交易都要“谈判”。我不知道在 5000 美元的交易中再压价 50 美元是要达到什么目的，这样做有可能浪费四五个小时的时间。把这些时间用在更重要的事情上不是更好吗？有时候放掉一些小钱并把注意力集中在能够更显著地降低供应链成本的领域是明智的。

在“标准”区域中非常有效的另一种战略是减少供应商的数量。减少供应商数量并不是只要一个供应商。通常，对于 MRO（maintenance，repair，and operations，即保养、维修及操作）备件、小型服务合约、车间备件来说，选择少量供应商并使它们保持充分的竞争，令这几家供应商不会过于自满，这样做更有意义。

也许在“标准”区域最有效的战略是“面包车”概念。这种方法建立在几十年前用于在小城镇或社区里送面包的系统基础之上。面包师在他的货车上装满新鲜的面包，开着车亲自将所需数量的面包送到当地的家庭中。一般来说，房门是不上锁的，面包师进入一所房子，检查一下面包箱，以确认还剩下多少面包，然后留下特定数量的面包。如果这家恰好有人在，则面包师会停下来跟他们聊上几句。如果谁家有亲朋好友要来拜访，那么面包师是第一个知道的（这意味着面包的需求量会增加）。月末，客户会收到一份账单，大多数情况下，他们会把钱放在厨房的操作台上，面包师会在第二天把钱取走。没有人计较账单的准确性，而且也不会出现面包缺斤少两的情况。真的没有必要这样做。首先是因为他们之间已经建立起的关系，其次，涉及的金额实在太少了，不值得为了几块钱毁掉一个人的名声。

今天，许多公司都利用“面包车”的概念来管理其备用零件、办公用品和其他 MRO 备件的库存。杜邦公司（DuPont）承担了为福特生产线上生产的某种汽车提供特定颜色、特定数量油漆的责任。利用一个电子数据交换（EDI）系统，杜邦公司可以知道福特公司的生产计划，以及当天所产汽车所需的油漆颜色。在正确的时间将正确数量、正确颜色的油漆送到福特汽车公司是杜邦公司的责任。一辆车所需的油漆数量是事先确定的，每加仑油漆的价格也已经作为长期合约的一部分协商确定了。只有一个采购订单，却没有发票。每个月的月末，福特公司会通过电子方式将固定数量的款项转给杜邦公司（更像是定金）。年底，在知道所用油漆数量后，福特公司会与杜邦公司进行最终结算，一次性将费用支付给杜邦公司——如果以前付款过多，则是杜邦公司把钱返还给福特公司。考虑到这两家公司的规模以及高昂的日常费用，这一过程为两家公司节省了大量的金钱。

7.1.2 “市场驱动”区域

模型右下角的特点是数量大且生产商多。这一区域代表着高收益以及相对较低的风险。“市场驱动”产品的典型战略包括：

- 利用批量最大化购买力。
- 与供应商合作以最大化产出率。
- 进行市场调研并收集信息以利用特定市场中的机会。
- 监控质量、送货和价格。
- 消除不增加价值的活动。

在市场驱动环境下，公司已经通过更大的采购量成功地获得了供应商的折扣。这意味着要减少供应商的数量，并为选择的供应商提供更多的业务。然而，大批量采购的好处并不限于采购量大的大型公司。有时候人们需要进行创新。一家家用器具生产商要购买大量的金属板，但购买电子元器件的数量较少，它发现可以与一家计算机公司平衡一下购买量，这家计算机公司购买的电子元器件数量很大，但购买金属板的数量相对较少。计算机公司凭借其对供应商的影响力，以家用器具生产商的名义，通过公司在亚洲的国际采购部购买电源、线路板和显示面板。反过来，家用器具生产商通过以自己和计算机公司的名义采购从而增加对东欧金属板供应商的影响力。由于它们之间不存在竞争，因而对于二者来说这是一种双赢的情况。在某些情况下，不存在竞争的较小的公司可以组成联盟以便在市场驱动的环境下增加常用部件或服务的采购量。

除了利用批量降低市场驱动的产品或服务的采购价格外，客户—供应商关系也可以提升至合作伙伴或战略联盟的高度，共同目标是增加客户的收益。换句话说，让我们假定一个小部件的价格是 2 美元，对成品的需求是 10000000 单位，当前的合格率为 90%。这意味着客户公司为了生产 10000000 件合格产品，需要购买 11111111 个部件，花费 22222222 美元。这使得合格产品的采购价格为 2.22 美元。如果通过双方的共同努力，合格率达到 95%，会怎么样？现在客户为生产 10000000 件合格产品只需要购买 10526316 个部件。支付的总价款为 21052632 美元，平均每件为 2.105 美元。这是一个常识，但是，我曾经无数次看到客户认输并退出，只是因为在市场中他们的规模较小，因而无法降低市场驱动商品的成本。

你也许无法控制市场，但你肯定能够增加你对市场的了解，对不对？通过研究影响你的产品或服务的市场力量，你就能够在市场条件突然变化时采取行动，提高企业的竞争优势。一家曾经与我密切合作的计算机公司通过追踪期末存货量和其他趋势来密切跟踪磁盘驱动器市场。注意到在一段时期内库存量快速增加后，该公司决定评估一下其磁盘驱动器关键供应商的财务报表。在观察到一家关键供应商拥有相当高的成品库存后，计算机公司与其进行谈判，以原价格 70% 的价格购买其大部分库存。库存明显增加的原因是新型磁盘驱动器的上市。但是，以为老型号的使用者提供保修而闻名的这家计算机公司需要这些老式驱动器，以便为那些使用老式驱动器的计算机用户提供支持。没有人期盼你用水晶球来预测未来。如果你能做到这一点，就不会为你正在效力的公司工作了。但是，精明的分析人员应该了解其市场，并能够提前预测到风险。

市场驱动环境下另一个典型的战略是除了价格之外，还要认真监控产品质量和产品运送。提高原料的质量可以降低返工或报废的成本，而良好的产品送货可以降低对持有大量库存的要求。我们很难准确判断更高的质量或更可靠的送货会造成什么影响，但没有人否认这会为你带来价值。如果你相信全面成本管理，那么省下的这笔钱就相当于原料价格打了折扣。

7.1.3 “危险”区域

大多数客户都不愿处于这个区域中，但却常常发现自己恰好处于这个区域之中。这个区域如图 7.1 的左上角所示，其特点是单一的采购供应商。不管是否存在竞争，当客户决定仅与一家供应商打交道时，就会出现单一采购供应商的情况。当某种产品或服务有且仅有一家供应商时也存在单一供应商的情况。情况比我们认为的更严重。双赢的局面常常变成供应商一家独赢的局面。真的不应该是这样的。的确，我知道，单一供应商以前肯定伤害过你，或者利用了其在特定市场利基中的优势。你有两条路可以选择。一条是抱怨让你陷入这一困境的工程师或内部客户，或者是举手投降。另一条是充分利用这一局面。显然，我们谈论的是彻底的悲观主义者和积极的乐观主义者。下面是当处于“危险”区域时积极的乐观主义者采取的已经证明有效的战略：

- 确保供应的创造性战略。
- 努力争取获得产品和服务。
- 利用成本模型进行谈判。
- 在全世界范围内采购。
- 如果有必要，重要进行设计。
- 建立联盟。
- 跳出这一框框！

如果你希望认真地管理整个供应链的全部成本，那么就不能忽视损失销售的成本。的确很难找到一个准确的数字。另外，这一数字也会根据你的销售价格、变动成本、客户的选择数量以及客户的忠诚度而改变。无论如何，你要问自己，如果这家单一供应商没有在恰当的时间提供恰当数量的产品或服务，公司会付出何种代价？另外，在最需要某种产品或服务的时候却无法得到，内部客户会有什么感受？答案在于，你需要制定一个创造性的战略以确保产品或服务的准时供应。

请注意，我使用了“创造性战略”一词。有时候，创造性意味着做一些具有常识性的事，而你出于某种原因却没有做。下面这一建议供新人参考：像对待最好的客户一样对待你的单一供应商。哇！这是个什么主意？在一家大型计算机公司，当我提到这一点时，采购员们笑得差点从椅子上掉下来。幸运的是，国际采购经理是一个有远见的人，他决定认真对待这件事。我们要求负责关键产品的团队领导者列出能够令一条生产线关闭或危及客户订单的单一供应商。我们制定了一些一般性的指导方针，供采购部门应对这些供应商时使用。相信吗，这些指导方针中包括去机场迎接供应商的代表并把他们送到宾馆中。如果可能的活，再安排把一个果篮或花篮或一瓶葡萄酒送到他们的房间里。如果会议安排在工厂中进行，那就安排人去接他们，开车把他们送到工厂，召开会议，如果可能的话安排他们参观工厂，让高层管理管理者去拜访他们并问好，然后送给他们一件纪念品（如果你担心道德问题，那就送一件价值低于25美元的礼品）。如果晚上没有事情，可以请“客人”参观一些有纪念意义的地方，如参观一处名胜，或观看一场球赛，如果是外国供应商，还可以请他们逛逛购物中心。我曾经带日本访问者去了圣迭戈的Costco超市，他们感觉去那里比得到任何礼物都好。最后，如果家庭情况允许，就带上他们以及团队的其他成员到你家里吃晚餐。你没有看错，我是说把他们带到家里。人们会拒绝这种想法。审计人员会怎么说？实际上，如果你的公司因为在团队成员的家里吃了顿饭而担心公司的一个团队对某一供应商“情有独钟”，那么公司的管理层应该感到羞愧。另外，你不必对每个供应商都这样做。只有那些能够令你失败的供应商才值得这样做。你认为这是做些事情跳出这一框框的充分理由吗？我认为是。

在哈雷摩托车公司，供应链领导并不过于担心拥有单一的供应商。哈雷公司相信，与其忠诚的客户一样，供应商也可以非常忠诚，并尽最大的努力让哈雷公司成功。供应商忠诚不是通过要求而得到的，你需要经过努力才能获得。哈雷摩托车公司通过将关键供应商看成是自己企业的延伸，并像对待自己数以百万计的忠诚客户一样对待它们，从而赢得了它们的信任、尊重和忠诚。

我见过的其他有效的创造性战略还包括早于正常付款期限向供应商支付款项、将公司内的其他一些业务机会提供给它们，等等。

大多数位于“危险”区域的供应商通常都是技术领导者，而有些企业则可能是由于采购部门的粗心大意才进入“危险”区域的。在前一种情况下，如果你不再因为需要忍受与单一供应商打交道而感到悲伤的话，它会对你的公司有所帮助。你应该承认这一供应商在技术上的市场领导者地位，并推动它为你提供最新的技术和服务。我曾经看到过许多处于“危险”区域中的公司为提出要求的特定客户举办有价值的研讨会或讲习班。这些项目有助于客户公司在质量、送货或生产方面得到提高。将这类讲习班的好处看成是降低了你从单一供应商处购买产品或服务的成本，这样的话，你就不会感觉很悲惨了。

发现自己处于“危险”区域并不意味着你要倒在地上装死。开发一个成本模型并在发现机会的时候重新进行谈判是值得的。对于软件或咨询合约来说，项目的时间和费率有可能是确定的。但是，如果你发现某些费用太离谱了，也可以偶尔向供应商提出质疑，以表明你非常清醒，且十分警觉。例如，在一家公用事业公司中，一位曾经与我协作的有远见的供应链经理非常关注由一家重要的咨询公司提交的费用清单。这位供应链经理决定根据产业统计数据和咨询公司的 10-K 报告建立一个成本模型。他注意到，收入的 47% 都支付给实际完成工作的那些人。这样，当他在项目特定阶段完工时收到一份高得令人难以置信的账单后，这位经理计算出直接成本应该是这一数字的 47%。估计了项目的这一阶段花费的时间后，他计算出从事这个项目的人收取的费用为每小时 160 美元。但是，在对具有同类技能的人员工资平均值进行考察后，他发现通行的工资率为每小 60 ~ 80 美元。他所做的只是将自己关注的事情和计算结果同咨询公司进行了分享，而咨询公司则从账单中砍掉了将近 50% 的费用。当然，这种情况再也没有出现过。的确，咨询公司可能会恼羞成怒，并威胁会退出。但是，如果你的想法是合理的，你就可以坚持自己的立场。即使你按账单支付了全部价款，你也阐明了自己的观点，而且不会再被迫支付高价格。

在某些情况下，客户只是感觉自己处于“危险”区域之中。自鸣得意和认输都很容易。要记住，最近十年来，全球商业已经发生了重大变化。今天，没有什么事情是不可能的。如果产品或服务的供应商认为向客户群收取高价格是理所当然的，那么客户就很有可能转向世界其他地方，如果今天还不存在其他选择，那么很快就会有新的替代公司出现。即使是英特尔和微软这样的巨人也知道这一点。印度、中国和东亚国家的技术人才以及东欧和俄罗斯的精密零部件应该能够使西方的“巨人”在伤害其客户之前认真思考一下后果。因此，在全世界范围内进行采购，世界是你的。只着眼于本地会使你在这场竞赛中落在后面。

最后，正如一句谚语所说的那样：“如果不能战胜它，就加入它。”有时候，客户发现自己位于“危险”区域、只有一个关键供应商。根据客户企业的规模以及单一供应商需要提供的产品或服务，双方也许可以建立一个战略联盟。如果客户是技术领导者，那么单一供应商很有可能希望持续保持这一市场地位。但是，这也需要技术的前沿不断推进。在这种情况下，我们会经常听到客户和单一供应商正在协作进行技术开发，两家企业共享各自的技术路线图，并为开发一个共同的技术平台而努力。的确，与单一供应商的这种关系令人难忘，但这是在认真考虑风险与收益后制定的决策。人们希望战略联盟可以为客户在新技术方面带来初步的突破，并开发出使用这种技术的产品。这可以从根本上为客户带来竞争优势，并使它自己摆脱“危险”区域。

当然，如果你发现自己的竞争力受到某个框框的威胁，那么就要从中跳出来！

7.1.4 “关键”区域

这个区域是一种关系的理想境界。毫无疑问，可能只有极少数供应商 / 客户关系会达到并保持在这一水平上。图 7.1 右上角所示区域的特点是只有少数世界级的供应商。在这一区域中，技术通常是关键。或者进入某一区域所需的财务支出高得惊人（如半导体领域），因此没有新的供应商出现。在这个区域，战略联盟和合资企业发展迅速。

成本管理战略在这里最有效：

- 制定长期协议（LTA）和技术路线图。
- 建立供应商忠诚计划。
- 组建一个联合成本管理委员会。
- 在二级供应商中实施 AIM & DRIVE 流程。

如果双方都不愿意致力于长期关系的发展，那么这种关系就很难维持，双方也无法相互信任。有时候，这种关系需要以长期协议或合约的方式明确下来。这并不是说双方或多方需要签署一个书面的协议以拥有良好的关系。恰恰相反。正是书面协议明确地说明了各方的承诺以及对其他合作方的期望。这类协议为突破性的想法以及真正的长期战略铺平了道路。

长期协议与技术路线图。当吉恩·里克特加入 IBM 担任首席采购官时，他为自己及其团队设定的最初任务之一就是找出能够使 IBM 重新成为技术领先者的关键供应商。在一年之内，IBM 同各个领域中世界上最好的供应商（从存储卡到分销商）签订了长期协议。IBM 是一个难以对付的客户，但里克特和他的技术与资格认证副总裁 Sang Park 证明，IBM 可以做到开诚布公，并同供应商分享其长期目标。最初，这一转变对于 IBM 开发团队的许多人来说十分困难。开发技术路线图以及努力进行技术融合这种想法并不被老 IBM 看好。但是，当新 IBM 首次与关键供应商举办这类研讨会后，结果非常令人惊讶。关键供应商的代表愿意分享一些敏感的数据，并对 IBM 的认证过程提出了建设性的批评意见，这使得 IBM 拥有了支持自己的“梦之队”。由于它们都签署了长期协议，因此供应商不必担心丢掉业务（而且 IBM 可以为它们提供充足的业务）。各家供应商开诚布公。蓝色巨人洗耳恭听。如果明天或明年出现一个更便宜的供应商，而 IBM 就把它们抛到一边，那么谁会愿意为一个客户做这些呢？

供应商忠诚计划。很多公司都会谈论供应商关系、联盟与合作，但只有极少数公司会将供应商忠诚当成是这类关系的最终证明。正如本章前面讲述的,哈雷摩托车公司就是这样的公司之一。在哈雷公司,有一个由管理层支持的项目，以在供应商群中建立供应商忠诚。为了建立供应商忠诚,哈雷公司向其供应商证明了自己是一个忠诚的客户。哈雷公司的品类经理很少（如果有的话）因为另一个供应商的报价低几个百分点而放弃忠诚的供应商。与许多日本公司一样，当一家供应商遇到问题时，哈雷公司会把它当成自己的问题，并同供应商联手来解决它。忠诚不能只停留在口头上，而是需要采取行动。有多少家公司能够声称其 CEO 每年都会留出 60 天的时间去拜访供应商？我知道有一家公司，那就是哈雷摩托车公司。

成本管理委员会。在确定了长期协议中的条款后，就到了建立一个联合成本管理委员会的时候了。这个委员会由来自联盟各方的为数不多的关键管理人员组成，对供应链中各自所处部分的资金流负责。成本管理委员会的成员最好来自财务总监的办公室、采购部门、制造部门，而对于服务合约来说，最好是来自关键用户部门。所有的书面战略都应该提交给委员会，并由它做出评价。还应该经常召开后续追踪会议，以维持这种动力。我们将在第 9 章中更详细地讨论这一问题。

如果战略联盟或合资企业成功地实施了 AIM & DRIVE 项目，则有助于向第二级供应商推广这一流程。20 世纪 90 年代中期，德州仪器公司（Texas Instruments）在这方面就做得很好。在花费了两年的时间对美国、日本、菲律宾、中国台湾地区、新加坡和欧洲的供应商进行培训并实施 AIM & DRIVE 流程后，德州仪器公司已经用尽了节约成本的方法。我记得负责 AIM & DRIVE 流程的领导者说：“我们为什么不训练二级供应商也掌握这一流程？”这一说法最初看起来行不通，因为德州仪器公司的团队早已付出了自己最大的努力，没有能力再承担这样一个重大的项目。解决方案来自德州仪器的欧洲公司：它提议建立一个试点培训项目，向愿意对其自己的供应商应用 AIM & DRIVE 流程的一级供应商进行培训。我记得在布鲁塞尔，我曾多次向供应商的供应商讲授这一流程。二级供应商需要掌握 AIM & DRIVE 流程，并且要同德州仪器公司的关键供应商共同制定成本管理战略。反过来，德州仪器公司要求其供应商将结果通知产品管理团队（Commodity Management Team，CMT）的领导人，这是全面质量管理流程的规范。换句话说，客户不必对供应商的供应商进行微观管理，而是通过要求每个供应商向客户提交其关键二级供应商的 AIM & DRIVE 项目的主表格，以监控其绩效。

7.2 找出约束

在开始建立并讨论战略声明之前，团队首先讨论一下它们是否面临着一些约束是非常重要的。约束就是你的团队在考虑一种战略选择之前必须想到的限制因素，是一些在物质上或组织上无法实施的事情。在进行一种战略选择的风险—收益分析之前必须对约束进行讨论。我经常看到团队讨论诸如安全之类的约束，最后却接受了一种潜在风险巨大的战略，因为这种战略可能会节省大量金钱。想一想，如果一位工程师受到管理层的威胁，要求他更改规格说明书，如采用一种更便宜的材料或更大的公差，这样做可能会导致一位客户触电死亡（想一想法律诉讼，以及惩罚性损害赔偿的可能性）！这并不是说因为害怕"如果……可能发生什么情况"而放弃所有的战略声明。团队需要认真地考虑各种约束，并就哪些因素完全超出控制范围达成一致。下面这些话题有助于正确地对约束进行讨论：

- 技术。
- 质量。
- 周期时间。
- 安全。
- 环境。
- 规章。
- 上市时间。

- 服务水平。
- 成本。
- 伦理规范。

就 A 公司来说，营销部门已经向客户承诺，如果一个问题不能在 48 小时内解决，公司就会为客户提供一台新的或经过翻新的 Zigmo。这一承诺成为一个代价极其高昂的约束条件，使得公司不得不在遥远的地区设置现场服务中心、维修中心和仓库，因为不可能在承诺的时间内派一名服务人员乘飞机到客户所在地去解决一个问题。在其他情况下，还会存在产品上市的问题：公司面临着产品上市时间非常紧迫的情况，不论能省下多少钱，它都没有时间再更换供应商。我注意到，上述任何一个话题都可以在一种情况下是一种约束而在其他情况下不是，但伦理规范（ethics）除外，因为对于伦理规范来说，没有任何折中的方法。如果一种选择违背了公司的伦理价值，那就应该坚决拒绝，不管能省多少钱。讨论到此结束。

图 7.2 是一个模板，可以在讨论并考虑了不同观点后将团队需要面对的任何约束条件列在上面。

AIM & DRIVE：减少、改变或消除产生成本的活动	
主要成本：保修期内产品的客户服务成本	
观点/起源(如财务、技术、营销等)	约束
营销	现有客户的周转时间不得超过48小时

图 7.2　保修期内产品的客户服务约束表

7.3 制定战略声明

在观察图 6.5 时你可能已经注意到，战略选择都被写成了短语的形式，如“失败的次数”、“技术服务代表的技能水平”、“客户期望的水平”等。制定战略声明就是选出一个战略选择并在这一陈述的前面加上一个动词，在后面加上一个解释（“如何”，也可能是“为什么”）。再看一看这一表格。A 公司的团队希望探讨的两个战略选择如下：

- 客户关于产品的知识水平。
- 替换政策。

你认为我们应该对“客户关于产品的知识水平”做些什么？“提高”客户关于产品的知识水平如何？这不是一个精确的声明，因为它既没有解决“如何”的问题，也没有解决“为什么”的问题。因此，我们把这一声明改成：通过为重要客户培养出内部技师来提高客户关于产品的知识水平。这一战略的目标是通过使客户所在地拥有更多懂产品的人来减少现场拜访的次数。这涉及在主要客户中培养少量的技术代表，如果某个客户在一些小问题上需要帮助，这些技术代表就可以提供内部支持。如果这位技术代表不能解决问题，他或她就会联系 F 公司的技术服务中心并解释故障的症状。内部技师能够更清楚地通过电话向服务技师说明故障的情况。这使得服务技师更有可能解决这一问题，而不必派一名现场维修技师到客户所在地去。

与之类似，对于第二个战略选择“替换政策”来说，我们应该给它加上哪个动词呢？加上“改变”如何？同样，我们需要解决“如何”或“为什么”的问题。一个清晰的战略声明可能是这样的：改变替换政策，允许供应商经过两天的服务后将新的或翻新的设备运送给客户，并请客户将有缺陷的产品直接运送给维修中心。同样，这一战略的目标是减少现场拜访的次数。

需要记住的是，战略声明应该非常精确。我们常常发现团队采用类似这样的声明：“改变规格”。改什么？改成什么？像这样含糊不清的说法你能理解吗？那么为什么要让其他人去猜测你的脑子里在想什么呢？

7.4　从不同的角度评估风险与收益

制定了战略声明之后，下一步就是进行一次彻底的风险—收益分析。请注意，我们使用的是“风险—收益分析”而不是“成本—收益分析”。原因是：一个决策中包含的并不仅仅是成本。另外，减少、改变或消除某种活动的战略会对企业产生影响，因此必须从不同的角度进行评估。下面是进行彻底的风险—收益分析常用的准则。

财务准则。当然，针对特定战略声明的风险—收益分析的第一部分很有可能集中在财务方面。重要的是，团队不要在计算节约金额或成本方面变得“很有创造性”。证明某些计算是正确的，或者至少对某些想法提出挑战，这是有意义的。下面是一些关于计算某个战略声明的货币化收益的提示：

- 用单位节约金额乘以预计 12 个月的产量。
- 如果这一战略可以用于其他部件或项目，那就要推算出这部分节约的金额，并注明这是“可推广的节约”(leverageable savings)。
- 在某些情况下，节约会跨越数年的时间。这需要特别对待，因为有时候需要大笔的投资，如果我们只估计未来 12 个月的节约，那就有可能无法证明这笔投资或预先支付的成本是合理的。在这种情况下，我建议你估计出未来 3 年的节约额，然后以公司的资本成本为折现率将这些数字转化为现值。如果产品的寿命不到 3 年，那么你就要估计出到产品生命结束时的产量。
- 在计算执行一个战略选择的成本时，你需要考虑工程变更通知或重新认证的成本。别忘了培训、过量库存和其他很容易被忽略的软性成本。

技术准则。正在考虑的战略选择是为我们带来了一种领先的技术，还是使我们偏离了技术路线图？别忘了，还要考虑供应商的路线图。

对你有利的决策可能会伤害你的供应商，损害其长期利益。

质量准则。很多时候，通过改变规格或降低某些要求来省钱可能会影响产品、服务的质量或人们感知到的质量。不一定总会出现这种情况，但团队确实需要对其进行讨论并做出决定。我发现，当“质量”一词被当成一种风险提起的时候，团队通常会让步，因为对于许多公司来说，它是神圣不可侵犯的。在这里我要提醒一下。在很多情况下，设计工程师过于强调质量，或者只是要比以前的技术规范更严格。例如，手机充电器的连接器可能要经过 50000 次的拔插实验。把拔插实验的次数从 50000 次减少到比如说 7000 次，乍看起来，这显著降低了质量水平，因而是不可接受的。但是，再想一想。你每天给手机电池充几次电？让我们按每天两次计算，这样每年充电的次数为 730 次，就算你正在休假或者卧病在床也要每天充两次电，才能达到这一数字。对于大部分人来说，一部手机能够使用多长时间？为了承受 50000 次拔插，这个充电器需要被使用 68 年。我们不应该在质量上偷工减料，但再强调一遍，我们不能为了赢得长久的掌声而不考虑必要性和产品的应用现状。

生产准则。有时候，一个战略不仅会带来金钱上的节省，还会缩短生产周期或简化流程，因而改善产出。但是，有时候团队也可能以节约成本的名义换用一种更便宜的材料，但这种材料会使生产流程和设备出现混乱。显然，在实施一个会对生产造成影响的战略前，与生产经理或供应商进行协商是很有必要的。

品牌形象。经常会出现这样的情况：团队提出一个降低成本的战略，却被营销部门否决，因为它会对公司的品牌形象造成负面影响。例如，只有少数股东会阅读的年度报告使用了质量最好的纸张，并用彩色印刷。改变纸张质量或减少颜色数量的建议很可能被公众关系部门否决，因为年度报告被看成是提升公司形象的媒介。与看起来会降低产品质量或让人们感觉会降低产品质量的战略一样，这种观点应该遭到反对，但同样重要的是应该理解营销部门的观点。有时候我建议团队进行下一步的工作（执行），并通过进行一次客户调查，证明营销部门的主张是合理的——或者证明他们的观点毫无根据，以此来首先解决品牌形象风险问题。

政治准则。尽管 AIM & DRIVE 团队的目标是降低供应链的成本，但有时候尽管节省并不明显，也会选择某一战略。例如，再以营销部门为例，将某些生产流程从美国转移到中国的战略选择可能在直接人力方面省不了太多的钱，但对于在中国销售却大有好处。另一方面，将业务流程外包给印度可能面临着政治风险，会在美国引起强烈反应，因为政治家们可以很容易地提出丧失白领工作岗位的问题。关键在于，优秀的团队需要像衡量财务风险或收益一样来衡量政治风险与收益。

灵活性准则。团队需要自问，某一战略会不会在今天节省了成本，却在以后使公司受困于某种投资、技术或市场。这种灵活性的缺乏可能会在长期中困扰他们。另一方面，从定制的材料或流程转变到标准材料或流程的决策可以增加灵活性或响应速度。在全球竞争日趋激烈的今天，大多数世界级的公司都在寻求更多的灵活性，以便对市场的快速变化做出反应。

环境准则。我们生活在一个越来越关注环境的世界。在进行风险—收益分析时，忽视环境问题将无法制定优秀的战略。一家大型化学品公司发现，要想采用一种“成本更低的”工业废物处理方法，就必须花费亿万美元击退来自环境保护团体的挑战。这使得这家化学品公司的产品在很多国家遭到抵制，败坏了公司的形象，同时也对公司的其他产品造成了不良影响。这并不是说对环境造成影响的所有战略都应该被废除，而是说团队要认识到这种风险并明智地对其进行管理。制定一个良好的公共计划、不断努力以最小化环境风险，以及对公众的教育，都有助于避免上述错误的发生。许多公司正在同其客户和供应商一起打造“绿色”供应链。公司越早融入这一趋势，对自己越有利。

送货表现。在渴望节省资金的情况下，一些团队忘掉了始终如一准时送货的重要性。在对一种产品或服务进行外包之前，必须对这一风险进行认真的评估。有时候，客户服务连同维修和备件都被转移到了海外。尽管同另一个国家的技术服务代表交谈是可以接受的（尽管不一定方便），但如果客户需要等待从中国或印度将一个备件运送到美国或欧洲，他们会感到不耐烦。一家大型零售商曾经决定放弃当前的长期战略供应商，而采用一家出价更低的供应商。开始时一切都很顺利，但到节假日高峰时期，这家供应商却无法满足急剧增加的需求。没有及时提供所需数量的货物使得公司的市场份额大幅下降，这家零售商再也没有从那次打击中恢复过来。有时候，采用定制技术的决策会损害送货的表现，正如一家大型手机生产商在 2003 年 12 月遇到的情况一样，当时，公司一种新手机的摄像头供应商没有能够满足对可拍照手机急剧增加的需求。

其他商业问题。在结束风险—收益分析之前，团队应该最后一次问自己：是否存在还没有讨论过的与商业相关的其他问题。有时候，上面的准则都不存在风险。但是，为了节省资金而从一个供应商转换到另一个供应商的决策会导致老供应商停止向你提供他们的其他产品，而你可能在其他地方买不到这种产品，或者不得不以远高于当前价格的价格购买。

7.5 定量因素与定性因素

有些风险或收益可以量化，有些则不能。如前所述，所有可以量化的节约都应该认真地进行估算，并尽最大努力证明它们是合理的。根据我的经验，许多团队喜欢伪造数据，以便让管理层满意。应该避免这种行为，因为在核实节约数额时，伪造的数据总能被查出来。如果存在疑问，则在表格上注明“待定”。在 A 公司的例子中，通过为重要客户培训内部技术人员以增加客户对产品的了解毫无疑问带来了可量化的节约，利用现场拜访减少的次数来衡量，团队估计这一数额为 380 万美元。但是，认识到一些定性的节约（如客户满意度的提高），以及受过良好培训的员工另谋高就而造成的员工流失风险也很重要。

7.6　推广降低成本的做法

一个优秀的团队应该是这样一个团队：针对一个战略声明，认真地评估其约束，并进行详尽的风险—收益分析——然后转入战略的执行。世界级的团队不仅可以执行战略，而且还会设法将这一战略推广到其他产品线、业务或其他商品上。一些年前，我与巴西坎皮纳斯（Campinas）的一家大型计算机生产商合作。这家公司邀请了 6 个供应商参加我举办的 AIM & DRIVE 讲习班。其中一家供应商提供设备维护服务，总计价值为 80 万美元。对于这样一家大规模的计算机生产商来说，80 万美元是一笔不起眼的钱，我不明白为什么要邀请规模如此小的供应商。人们告诉我，合同金额可能不大，但这家供应商的热情与协作值得请他们来学习这一流程。我们就做了这么多事情，而那位供应商则提出了一个全新的想法，使合同金额降低了 20%，即 16 万美元，对于这样一家价值数十亿美元的计算机公司来说，这只不过是一些零钱。

几个月后，我在美国为同一家公司举办了类似的讲习班，这次是一家规模大一些的设备维修公司，合同金额为 4000 万美元。在做完大部分练习并象征性地提出降价 5% 后，团队准备与它签订协议。我提出要他们考虑坎皮纳斯团队的做法。开始的时候，这家供应商坚决反对，声称这是不可能的。但是，当团队领导者与她在坎皮纳斯的同事联系后，她发现这家供应商只关心自己的利益，而不为客户考虑。实际上，美国团队最终执行了同坎皮纳斯团队一样的战略，额外省下了 800 万美元。很快，全球设备维修团队加入进来，并在世界其他地方的工厂中推广这些做法，节省了千百万美元的成本。由于在遥远地方的一家供应商十分开明并提出了一个可以推广的战略，这一切都成为了可能。

让我们澄清一件事，以免把自己送上法庭。如果一个来自供应商的想法被认为是受专利保护的，而且供应商明确表示这一想法不能被分享，即使是在客户公司的其他部门也不能分享，那么我们就应该尊重这一请求。如果一个团队与供应商的竞争对手分享了这一想法，那么 AIM & DRIVE 流程到此也就结束了。美国汽车产业中的一些公司由于在互相竞争的供应商之间“分享”了一些创造性的但却是私有的想法而付出了沉重的代价。

7.7 为战略的执行设定优先级

有时候,团队可能会遇到有多个战略通过风险—收益检验的情况。同时实施所有战略很有吸引力。但要小心，不要一次吃得太多消化不了。实际上，大多数人盛食物的盘子已经满了。根据以前的经验，我发现，一个团队一次最多能够应对三个或四个战略。在对战略的执行设定优先级时，显然应该首先选择那些具有最大货币利益的战略，但这并不一定就是最好的处理方法。我注意到，许多管理人员似乎更加关注短期结果。毕竟在对他们进行考核时主要是看短期结果。因此，要多关注一个公司的形势，并选择几个虽然节约金额不是最多但易于快速实施的战略。另外，要选择那些不需要大量投资或人力资源的战略，因为在制定提供这些资源的决策时，人们往往会先将这些需要大量投入的战略搁在一边。

为战略设定优先级没有什么固定的原则。经验告诉我们，一个值得实施的战略应该具有下列所有或绝大部分特征：

- 带来节约的潜力大。
- 可以进行推广以获得更大的节约。
- 相对容易实施。
- 可以快速实施。
- 致力于当前的管理措施或方针。
- 提供可以证明的节约（不使用令人眼花缭乱的数学公式）。
- 致力于团队中多个利益团体的目标。

看一看 A 公司客户服务团队制定的战略声明（如图 7.3 和图 7.4 所示）。注意团队如何从战略选择中选出特定的短语(用楷体字表示),明确地表达出战略声明，并以定性及定量的方式列出风险与收益。在

AIM & DRIVE：减少、改变或消除产生成本的活动					
主要成本：保修期内产品的客户服务成本					
	战略声明	风险/成本	金额（美元）	收益	金额（美元）
1	提高任务的明确性以缩短现场维修技师在客户所在地花费的时间	要回答更多的客户问题		消除了现场拜访时不增加价值的时间	240000
		增加电话的时间	160000	周转时间更短	
				提高了客户的满意度	
	优先级（H/M/L）：L				
	净节约：800000美元		160000		240000
	关键成本驱动因素：现场服务效率 约束：现有顾客的周转时间不能超过48小时				
2	通过为重要客户培养"内部"服务技师来提高客户对产品的了解水平	培训成本	400000	提高客户满意度	
		员工离职率		打给客户服务的电话更少	40000
		缺乏控制		打给技术服务中心的电话更少	200000
		客户对服务质量的感知		现场服务次数更少	3840000
	优先级（H/M/L）：H				
	净节约：3680000美元		400000		4080000
	关键成本驱动因素：现场服务效率 约束：现有顾客的周转时间不能超过48小时				
3	授权技术服务中心可以直接将替换的产品运送给客户，以改变客户预期的水平。	客户不满意		更少的现场拜访	11520000
		运输成本	1000000	响应时间更短	
		客户培训成本	100000	提高客户满意度	
		技术服务中心客户服务成本更高	5000000		
		管理部门的支持			
		更多的文档	100000		
	优先级（H/M/L）：H				
	净节约：5320000美元		6200000		11520000
	关键成本驱动因素：技术服务中心效率 约束：现有顾客的周转时间不能超过48小时				

图 7.3 保修期内产品客户服务风险—收益分析表

AIM & DRIVE：减少、改变或消除产生成本的活动					
	战略声明	风险/成本	金额（美元）	收益	金额(美元)
4	提高服务手册的清晰性，使客户更了解产品	重新设计的成本	50000	客户解决更多的问题	
		新手册可能用不上		打给客户服务的电话更少	200000
		老手册要报废		打给技术服务中心的电话更少	200000
				现场服务次数更少	200000
	优先级（H/M/L）：H				
	净节约：550000美元		50000		600000
	关键成本驱动因素：技术服务中心效率 约束：现有顾客的周转时间不能超过48小时				
5	通过为技术服务中心雇用新的技师降低技术服务中心工作量水平	雇用成本	10000	技术服务中心解决的问题更多，意味着现场拜访次数更少	576000
		更高的薪酬开支	150000	为更多的客户提供服务	
		需要更多的空间		响应时间更短	
		更高的培训成本	3000	客户满意度提高	
	优先级（H/M/L）：M				
	净节约：800000美元		163000		576000
	关键成本驱动因素：技术服务中心效率 约束：现有顾客的周转时间不能超过48小时				
6	提高客户服务电话接线员的技能，以便通过电话解决更多的问题。	培训成本	50000	打到技术服务中心的电话更少	200000
		雇用成本	20000	现场服务次数更少	1500000
		人力成本增加	75000	客户满意度更高	
		电话费用增加			
		客户感知到的服务质量			
	优先级（H/M/L）：H				
	净节约：1555000美元		145000		1700000
	关键成本驱动因素：客户服务效率 约束：现有顾客的周转时间不能超过48小时				

图 7.4　保修期内产品客户服务风险—收益分析表（续图 7.3）

为实施战略设定优先级时，团队决定专注于四个战略声明：

1. 通过为重要客户培养“内部”服务技师提高客户对产品的了解。
2. 授权技术服务中心可以直接将替换的产品运送给客户，以改变客户预期的水平。
3. 提高服务手册的清晰性，使客户更了解产品。
4. 提高客户服务电话接线员的技能，以便通过电话解决更多的问题。

然后，将这些声明加入到主表格中（如图 7.5 所示）。

A 公司的手册印刷团队采用了下列四个战略选择，这些战略选择来自上一步的工作（如图 6.7 所示），制定了一个战略声明，并对它们逐一进行风险—收益分析（如图 7.6 所示）。

1. 在机器上预装的功能数量。
2. 其他媒介上信息所占比例。
3. 拥有多个 Zigmo 的客户数量。
4. 纸张的等级。

我们可以从这个团队中学到的是，一些战略选择是互斥的。例如，图 7.6 中的 2 号战略要求通过将除快速入门手册之外的所有内容都放到网上来消除大部分需要印刷的材料。它的节约潜力（600 万美元）最大。如果选定了这一战略选择，那就意味着其他三个战略不会像单独实施时的影响力那样大。这完全可以接受。团队需要做的是认真检查互斥性，并决定是要牺牲其他战略来实施一个战略，还是去执行另一个或另一组战略。

瓦楞纸箱团队决定专注于两个战略选择，即托盘替代物的数量（number of pallet alternatives）和瓦楞芯纸的类型（如图 7.7 所示）。这些信息已经在上一章图 6.9 中显示出来。他们采用了第一个战略选择，并围绕着它制定了两个战略声明。第一个战略非常大胆，要完全取消托盘。如果这个战略取得成功，那么第二个战略（即在一个托盘放更多的纸箱）就没有意义了。团队还有意将瓦楞纸板的强度从

26 磅降低到 23 磅。现在，有一件事需要注意。对于取消托盘和降低瓦楞芯纸的强度，计算出的节约金额分别只有 10 美分和 9 美分。对于每年 1100 万个纸箱的使用量来说，这很难被称为一个突破性的战略。但是，团队很有信心，如果在 Zigmo 产品线上这些战略能够成功实施，那么它们也可以应用于 A 公司的其他产品上，总的节约量将为 Zigmo 产品线的 15 倍。据估计，对这些战略进行推广将能够节约 340 万美元。

在选定了恰当的战略声明后，就要为每一个战略制定行动计划。我们将在下一章讨论这一问题。

AIM & DRIVE：主表格

A　主要成本：保修期内产品的客户服务成本　　　　总支出=23206000美元

关键成本	成本驱动因素	关键成本驱动因素
I	M	D
现场服务人力成本	现场服务人员工资率 现场服务效率 技术服务中心效率 客户服务效率 单位产品电话呼叫率	现场服务人员工资率 （每小时的数量/打入的电话量） 现场服务效率 （打入电话数量/打入技术服务中心的电话数量） 技术服务中心效率 （打入技术服务中心电话数量/打入客户服务电话的数量）
直接材料成本	部件价格 新部件需求量 维修效率 次品率	
运费	运输费率 部件重量 货物尺寸	

选择的战略声明	行动计划	负责人	预计完成日期
R	I	VE	VE
通过为重要客户培养“内部”服务技师提高客户对产品的了解。			
授权技术服务中心可以直接将替换的产品运送给客户，以改变客户预期的水平。			
提高服务手册的清晰性，使客户更了解产品。			
提高客户服务电话接线员的技能，以便通过电话解决更多的问题。			

图 7.5　保修期内产品客户服务成本主表格

AIM & DRIVE：减少、改变或消除产生成本的活动

	战略声明	风险/成本	金额 (美元)	回报	金额 (美元)
1	减少对Zigmo特色数量的介绍，因而使印刷页数减少25%	有些客户会不满意		纸张成本降低	2056000
		推销的特色减少		印刷、翻译成本降低	208000
				运输成本降低	192000
				周转时间缩短	
	优先级（H/M/L）：M				
	净节约：2456000美元		0		2456000
	关键成本驱动因素：详细程度 约束：营销：对手册的任何改动都要在6个月内未完成，以确保新型Zigmo顺利上市				
2	通过仅印刷快速入门指南并将手册的其他部分放到网上，以减少其他媒介上信息的比例	有些客户会不满意		大幅降低纸张、印刷和翻译成本	6560000
		如果电脑出故障则无法获得信息		提升公司形象	
		保罗・舒尔茨不同意		更环保	
		网站的开发成本	500000	带来了一种竞争优势	
				缩短了上市时间	
				提高了手册的便携性	
				缩短了周期时间	
	优先级（H/M/L）：M				
	净节约：6060000美元		500000		6560000
	关键成本驱动因素：详细程度 约束：营销：对手册的任何改动都要在6个月内完成，以确保新型Zigmo顺利上市				

3	对于大量购买多个Zigmo的客户，每5个Zigmo提供一套手册	有些客户会不满意(需要这些手册时，客户手中却没有)		降低了用户手册的成本	2500000
		增加了处理成本	100000	用户不必储存手册	
				提高了客户满意度	
	优先级（H/M/L）：M				
	净节约：2400000美元		100000		2500000
关键成本驱动因素：文档要求 约束：营销：对手册的任何改动都要在6个月内未完成，以确保新型Zigmo顺利上市					
4	改变纸张的等级，从铜版纸改成非铜版纸	从审美上看不令人满意		降低了纸张的成本	4111800
		可能会遭到保罗·舒尔茨的反对		更加环保	
		可能会出现墨水渗出的现象			
	优先级（H/M/L）：M				
	净节约：4111800美元		0		4111800
关键成本驱动因素：文档要求 约束：营销：对手册的任何改动都要在6个月内未完成，以确保新型Zigmo顺利上市					

图 7.6 印刷手册的风险—收益工作分析表

AIM & DRIVE：减少、改变或消除产生成本的活动					
主要成本：瓦楞纸箱成本					
	战略声明	风险/成本	金额(美元)	回报	金额(美元)
1	通过增加托盘替代物来消除托盘	质量降低导致损坏（铲车）		每个包装箱节省0.1美元（0.1×1100000），可用于15类包装箱	1650000
		可能出现安全问题		运输成本上的节省	265000
		因地面上有水造成损坏		节约了自然资源和占地面积	
		采用泡沫包装可能增加成本	165000		
	优先级（H/M/L）：H				
	净节约：1750000美元		165000		1915000
关键成本驱动因素：托盘的使用 约束：					
2	双层堆放包装箱的同时增加托盘辅助			每个纸箱节省0.05美元。可用于15类纸箱上	825000
				卡车的利用率更高（10箱×34=货物的5%）。可用于15类纸箱上	57600
	优先级（H/M/L）：H				
	净节约：882600美元		0		882600
关键成本驱动因素：托盘的使用 约束：					
3	改变瓦楞芯纸的类型，强度从26磅改为23磅	降低了耐压强度		降为23磅每个纸箱节省0.09美元。可应用于15类纸箱上	1485000
		安全系数降低			
	优先级（H/M/L）：M				
	净节约：1485000美元		0		1485000
关键成本驱动因素：瓦楞芯纸价格 约束：					

图 7.7　瓦楞纸箱的成本—收益分析表

第五步检查清单：减少、改变或消除产生成本的活动

- ❑ 评估一下风险—收益模型，想一想哪个表格最适合描述正在讨论的项目。
- ❑ 如果存在约束，那就找出来并进行讨论。
- ❑ 在战略选择列表中选出前四个或五个选择，为每个选择制定一个战略声明，并在前面加上一个动词，在后面加上一个解释。
- ❑ 对于每一个战略声明，从不同角度进行讨论并列出其风险和收益。
- ❑ 如果可以的话，则以定量的方式表示这些风险和收益。
- ❑ 讨论一下哪些方法可以推广到其他产品上，并估算出推广后的收益数值。
- ❑ 检查一下各个战略是否是互斥的。
- ❑ 确定选定的战略的优先级，以便执行。
- ❑ 将结果写到主表格中。

第 8 章

执行计划

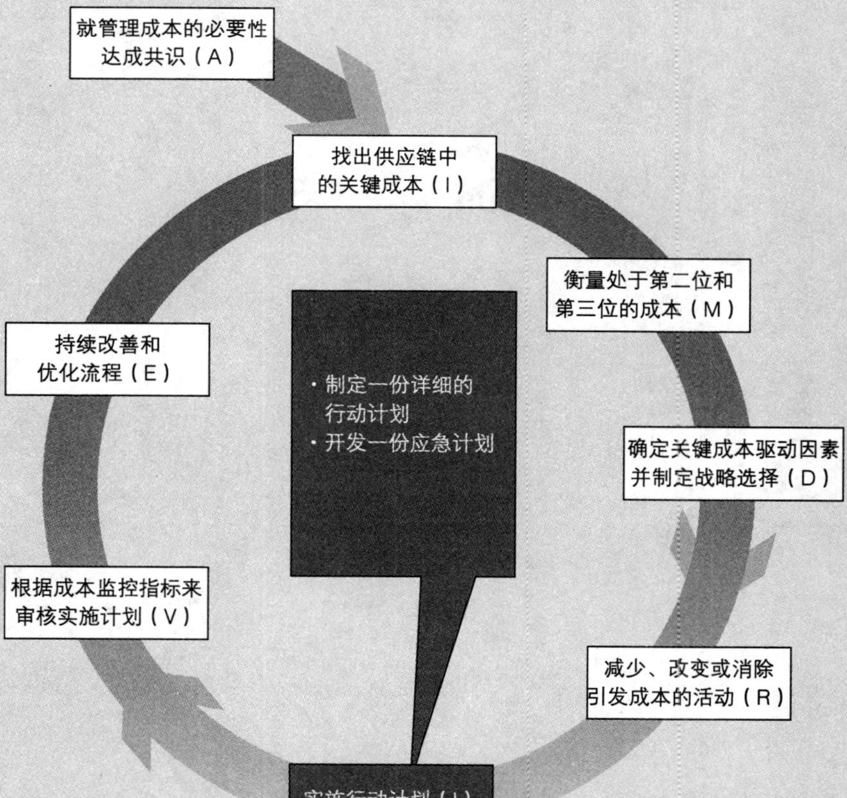

就管理成本的必要性
达成共识（A）
找出供应链中
的关键成本（I）
衡量处于第二位和
第三位的成本（M）
确定关键成本驱动因素
并制定战略选择（D）
减少、改变或消除
引发成本的活动（R）
实施行动计划（I）
根据成本监控指标来
审核实施计划（V）
持续改善和
优化流程（E）
· 制定一份详细的
行动计划
· 开发一份应急计划

你曾经有多少次参加会议、讨论问题、争论可选方案，并得出一个计划，但最终只是看着它半途而废，就像另一个从来没有实施的想法一样？你不知道这会令供应商感到多么沮丧。供应商要付出很大的努力才能同意与客户协作开发一个成本管理战略。我曾经协助举办研讨会，在会上，供应商们勤奋、开诚布公地工作，以便提供一个可以称得上是突破性的解决方案。然后，客户起身离开，并且什么也没有做。有时候是因为没有时间，有太多的紧急事情需要处理，或者是由于“非我发明”（not invented here）症。大多数情况下，战略没有得到实施只是因为缺乏一个明确的执行计划。现在是改变这种情况的时候了。

8.1　优秀执行计划的组成要素

执行计划不一定很复杂。你希望得到的是人们就 3 个 W 达成一致。这 3 个 W 不是互联网 (World-Wide Web) 的缩写，而是“什么”(what)、“谁”（who）和“何时”（when）。上一步中选出的战略声明代表团队打算“如何”减少、消除或改变那些产生成本的活动。对于每一个战略声明，制定一个明确的行动计划至关重要。这很容易理解，对不对？错了。团队常常会试图匆忙完成这一步骤。一个优秀的行动计划具有一些基本的组成要素或团队需要遵循的规则：

1. 行动计划应该尽可能明确、详细。
2. 应该对前一步列出的风险进行评估，行动计划的具体步骤必须要消除这些风险。
3. 行动计划必须可靠，并得到团队所有成员的认同。
4. 出席战略会议的个人应该承担自己的责任。
5. 对于每个具体行动步骤，必须明确指定预计完成日期，并得到责任人的认同。
6. 必须制定应急计划，以防最初的战略无效。

7. 行动计划必须恰当地“推销”给利益相关者。

让我们逐一分析这些指导方针。

8.1.1 建立明确、详细的行动计划

一般来说，我建议行动计划越详细越好。假设你正在为一个软件程序编写代码。如果输入的是一堆垃圾，那么输出的肯定也是一堆垃圾。列出所有的细节真的很重要，因为团队在流程的执行阶段非常容易迷失方向。你知道，当团队通过前 6 个步骤制定战略时，各位团队成员通常是在会议或研讨会中面对面地进行合作。当他们完成 AIM & DRIVE 流程的第 6 步——减少、改变或消除产生成本的活动——后，他们一般会回到各自的工作岗位，而原来的动力也就消失了。优秀的项目规划应该能够防止杰出的想法被淹没。让我们看一看 A 公司的客户服务团队是如何为每一个战略声明列出行动计划的(如图 8.1 所示)。

AIM & DRIVE：执行一个行动计划

主要成本：保修期内产品的客户服务成本

	选择的战略	行动计划	负责人	预计完成日期
2	通过为重要客户培养"内部"服务技师来提高客户对产品的了解水平	找出关键客户	营销	6月1日
		派代表到客户处召开预备会议	营销	6月8日
		选择目标客户的员工进行培训	营销	6月15日
		进行公司内部培训	营销，F公司	7月8日
		F公司的技术人员一起参加试运行	F公司	7月15日
		确认内部技师的表现	营销，F公司	8月8日
	净节约：3680000美元	内部技师单独进行维修	F公司内部技师	8月15日
3	授权技术服务中心可以直接将替换的产品运送给客户，以改变客户预期的水平。	对关键客户进行调查，并获得反馈	营销	7月1日
		列出结果	营销	7月8日
		确认运费和库存成本的改变	制造、工程、生产、财务、F公司	7月15日
		向管理层汇报	制造、工程、生产、财务、F公司	7月22日
		培训技术服务中心的人员	F公司	8月10日
	净节约：5320000美元	执行向客户运送部件的新政策	营销、F公司	8月15日
4	提高服务手册的清晰性，使客户更了解产品	分析客户以往的抱怨，找出反复发生的问题	工程、F公司	6月15日
		在现在的手册上进行标注	工程、质量、制造	6月28日
		准备新的手册	工程、F公司	7月28日
		进行试印刷，对关键客户进行测试	营销、印刷	8月10日
		对修订后的手册印刷测试版本	工程、F公司、营销、管理、印刷	8月17日
	净节约：550000美元	向现有客户分发新手册	营销	8月31日
6	通过为技术服务中心雇用新的技师降低技术服务中心工作量水平	分析以往的抱怨，找出可以由非技术人员通过电话解决的问题	工程、营销、F公司	6月15日
		为客户服务接线员制定培训计划	营销、工程	6月30日
		培训现有客户服务接线员	营销、工程	7月30日
	净节约：1555000美元	为常见问题和客户服务接线员的回答编制参考手册	营销、工程、F公司、管理	8月31日

图 8.1　保修期内产品客户服务执行计划表

以第一个声明为例：

通过为重要客户培养“内部”服务技师来提高客户对产品的了解水平。

很容易列出如下所示的几个步骤：

- 找出技师。
- 对技师进行培训。
- 技师进行内部维修。

团队意识到，这一努力的成功取决于关键客户的协作，因此他们认为首先找出这些客户是很有必要的。完成这一工作后，A 公司的一名代表就会拜访每一个关键客户，向他们简单介绍拥有一名企业内部技师的好处，并请他们合作。客户为什么想参与到这样一个项目中？这是一个“我能从中得到什么好处”的问题。应该列举一个例子，说明这会节约产品维修的时间、减少用户 / 客户的恼怒，并提高 Zigmo 的生产率。有些客户可能会看到这些好处，而有些客户则看不到。对于那些同意这样做的客户，下一步就应该从客户的员工中选择一些能够完成这类维修工作的关键人员。完成这一步后，就应该制定一个培训计划，根据情况由 A 公司或 F 公司提供内部培训并进行认证。在让新培训的员工独立对出现故障的 Zigmo 进行维修之前，由 F 公司有经验的技师在客户所在地监督新培训的内部技师进行试维修是非常明智的。有经验的技师对内部技师感到满意，认为他们可以自行进行基本的维修工作后，就可以颁发最终的证书，这样内部技师就可以独立进行维修了。

8.1.2　应对前一步中提到的风险

在团队急于完成执行计划的过程中，很容易忽视一个非常重要的因素，即前一步“风险—收益分析”中的“风险”。显然，风险并不会因为收益更高而消失。在我应邀评估 AIM & DRIVE 团队的成本管理战略制定工作时，我会等着他们提到这些风险。当他们展示完他们认为完美无缺的计划后，我所做的就是从他们的风险—收益表中读出几个风险，然后向他们提出下面这个简单的问题："你们如何应对这些风险？你们是否认为，如果长时间忽视它们，它们就会消失？"你会看到，展示行动计划的人脸色非常难看。这些团队都非常优秀，团队成员拥有杰出的想法，但他们却忽视了如此基本的东西！我强烈建议团队评估各战略声明中的每一种风险，并确保在行动计划中针对这些风险采取了措施。有时候，通过采取某种行动，就能够消除一种风险，或者至少会降低这种风险的水平。

让我们看一看负责用户手册印刷的团队。说明书要用非常昂贵的纸张并用彩色印刷。关键成本是纸张的成本，关键成本驱动因素之一是纸张的价格。团队选定的一个战略选择是用普通纸替换昂贵的纸张。这一措施有望使手册的成本降低差不多50%，根据上面讨论的印刷量，公司可以节省几百万美元。在进行风险—收益分析时，有一位团队成员指出，最初用昂贵的纸张印刷说明书是营销部门提出的，他们坚信这有助于提升公司形象。另外，出于只有他们自己才知道的原因，他们认为服务手册的成本是由营销部门的预算支付的。创意部主管保罗·舒尔茨（Paul Schultz）对他设计的手册非常自豪，包括高质量的纸张和绚丽的色彩。因此，在图7.6中的风险部分，你可能注意到有这样一个声明："可能会遭到保罗·舒尔茨的反对。"在团队展示他们的执行计划时，提出下面几点很容易理解：

- 找到可供选择的低成本纸张和供应商。
- 从供应商处获得样品。
- 评估纸张样品并进行选择。
- 向供应商发出工程变更通知单。
- 逐渐用完昂贵纸张的库存。
- 使用新纸张印刷用户手册。

其中根本没有提到如何赢得保罗·舒尔茨的支持。我非常客气地问团队中有没有人和保罗说过这件事，以及他的回答是什么。"我们当然说过，他说大多数客户喜欢高质量的纸张和彩色印刷。但是，一旦他看到我们会省多少钱，他就只能同意我们的战略。"我们试图说服团队在其行动计划中考虑这一风险，并想办法使其最小化或消除这种风险。在图 8.2 中我们可以看到，团队的确考虑到了保罗·舒尔茨的问题，但只是在将大部分用户手册放到网上这一优先提案得不到保罗的批准时才会实行改变纸张类型的战略。下面是他们想到的问题：

AIM & DRIVE：执行一个行动计划

主要成本：用户手册的印刷成本

	选定的战略	行动细节	负责人	完成日期
1	减少Zigmo预装功能的数量（只有在战略2失败时才执行这一战略） 净节约：2456000美元	进行调研以研究对客户满意度的影响	营销	8月15日
		评估调研结果以决定是否继续进行	营销	8月20日
		如果决定继续进行，则将相关的功能从Zigmo/手册中删除	营销/工程/制造	9月20日
2	仅印刷快速入门手册，手册的其他部分放到网上（将首先尝试这一战略，因为它的潜在节约最大，并考虑了未来用户手册印刷的趋势） 净节约：6060000美元	进行调研以研究对客户满意度的影响	营销	6月21日
		确定需要印刷的手册数量	营销	6月28日
		估计将手册放到网上的成本	营销、生产、工程	7月10日
		向保罗·舒尔茨进行展示，以获得他的认同	营销、生产、工程	7月15日
		如果保罗批准，重新设计手册，以增加图形说明	营销	9月15日
		设计/开发网站	营销、工程	10月31日
		设计Zigmo背板问题解决手册	营销、生产、工程	10月31日
		执行流程变更，以便将上述改变包括进来	制造	11月30日
		设立800客户服务电话	营销	11月30日
3	对于购买多部Zigmo的客户，每5部提供一套手册(只有在战略2失败时才执行这一战略) 净节约：2400000美元	估计对流程成本的影响	物流、营销、制造	6月15日
		找出购买多部Zigmo的客户	营销	6月15日
		告诉客户为什么提供较少的用户手册	营销	6月20日
		调整当前流程，为客户提供较少的用户手册	制造、营销、物流	7月15日
		发送必要数量的用户手册	营销	7月31日
4	从高档纸转向低档纸（只有在战略2失败时才执行这一战略） 净节约：4111800美元	找到可替代的低成本纸张供应商	采购	6月10日
		从供应商处获得样品	采购	6月15日
		评估样品，并从中选择几种低档纸	营销、制造	6月25日
		至少使用两种低档纸印刷手册样本	供应商	7月10日
		对现有客户和潜在客户进行随机调查	营销	7月31日
		列出结果，向保罗·舒尔茨展示可选方案	营销、采购	8月8日
		如果得到批准，则执行向新纸张转变的流程	采购	9月15日

图 8.2　用户手册印刷执行计划表

- 找到可供选择的低成本纸张和供应商。
- 从供应商处获得样品。
- 评估纸张样品并选出几种质量较低的可选纸张。
- 至少利用两种等级的纸张印刷用户手册样本。
- 对现有客户和潜在客户进行随机调查，分别向他们展示用高档纸和两种低档纸印刷的手册，并向他们提出下列问题：

  (a) 喜欢高档纸？

  (b) 喜欢第一种低档纸？

(c) 喜欢第二种低档纸？

(d) 不在乎用哪种等级的纸？

(e) 阅读手册？

(f) 撕掉手册外面的包装膜？

- 列出结果，如果建议改变纸张，则向保罗·舒尔茨展示这些结果以及替代性解决方案。
- 获得保罗和营销团队的支持。
- 如果得到了支持，则向供应商发出工程变更通知单。
- 逐渐用完昂贵纸张的库存。
- 使用新纸张印刷用户手册。

不管团队是否决定执行这一战略，我们都可以看一看这一行动计划列表有多么详细，以及如何通过一些明确的行动步骤来降低风险。事实表明，调研的结果令保罗大吃一惊：97% 的客户并不关心手册的质量，有 76% 的人甚至不把用户手册外面的包装膜撕掉。向保罗展示这些结果，同时提交改变纸张的建议以及节约的成本，就能够保证这一战略得到批准。

与其他两个团队一样，瓦楞纸箱团队也面临着类似的问题。在他们的风险—收益分析中，他们列出了如果取消托盘，那么叉车可能会对 Zigmo 造成损伤的风险。但是，在他们的执行计划中，他们没有提到产品损伤的问题。由于在报告过程中得到了适当的反馈，团队决定对不同类型的泡沫包装进行试验，以承受比现在更恶劣的搬运操作。他们甚至返回上一个步骤，并量化因采用新泡沫材料而增加的成本。请注意，团队决定利用执行表中的第二个战略声明——将瓦楞芯纸的强度从 26 磅降低到 23 磅——来结束行动计划，如果试验结果表明可行，则着手开始变换材料的流程。一些团队选择在 AIM & DRIVE 执行表中写出完整的改变流程。其他团队（如瓦楞纸箱团队）则喜欢参考已有的材料改变程序，认为没有必要再重新写一遍整个程序。每个团队都可以培养自己的工作方式。

AIM & DRIVE：执行一个行动计划				
主要成本：瓦楞纸箱的成本				
	选择的战略	行动计划	负责人	预计完成日期
1	通过取消托盘来增加可选托盘的数量	分析产品列表，以找出哪些产品可以应用这一战略	客户经理	6月21日
		同供应商一起在下一个Zigmo订单中进行测试（取消托盘）	客户经理	7月28日
		测试能够承受叉车装卸的不同泡沫包装类型	包装工程师	7月10日
		评估并制定采用/不采用的决策	包装工程师	7月15日
		如果采用，则在所有的货物中实施	客户经理	8月15日
	净节约：1750000美元			
3	改变瓦楞芯纸的强度，从26磅改变为23磅	收集23磅包装物的样品	采购	6月28日
		与包装工程师召开会议以评估抗压强度是否可以改变，安全系数是否现实	采购	7月15日
		设定最低要求，进行抗压试验	包装工程师	7月31日
		如果测试表明可行，则启动改变程序	客户经理	8月31日
	净节约：1485000美元			

图 8.3 瓦楞纸箱执行计划表

8.1.3 确定一个行动计划的可行性

除非有机会得到完整的实施，否则就没有理由为一个行动计划做准备。要让所有的人都发表意见，并对这些意见进行讨论。在某些情况下，我看到过一些行动计划，这些计划中包含着一些在风险—收益分析中未曾讨论过的步骤。例如，在将一种材料变更为另一种材料时，团队可能已经评估了使用新材料的收益以及转换成本。但是，在为执行行动计划做准备时，他们意识到，供应商需要用新材料生产出产品样品，而这些样品需要得到客户企业工程师的认可。但考虑到两个因素，这一过程有可能行不通：首先，供应商可能没有生产样品的预算。其次，客户的工程师可能没有时间测试样品是否合格，因为他们正在忙于生产新产品。这并不意味着应该立刻放弃这一战略。相反，团队应该回到上一步，并重新进行风险—收益分析。

8.1.4 分配职责并确定进度安排

在团队审查了行动计划后，就要为每一个活动分配职责。并不是负责某一活动的人都会参加会议。在这种情况下，最好是由出席会议的某个人负责将活动的内容转达给这一活动的最终执行者。有时候，一项活动要由两个人或更多人负责，这时，那些人都应该签字确认，并承担相应的责任。

然后就应该讨论进度安排。要现实一些，并确保对某一行动负责的人同意这一安排。有些团队喜欢以会议的日期为基准安排进度。我建议你在可能的情况下采用日历日期。这有助于计划协调人提醒各成员的活动是在按期进行还是已经延误了。有时候，某个人可能会承诺在某一日期完成任务，但后来认识到这一承诺不太现实。在这种情况下，最好是通知项目协调人并改变预计完成日期。然后，协调人再去评估其他活动，如果有必要则修正进度安排。与让人们等待某一活动的完成并对使战略无法按期成功实施的那个人感到厌烦相比，这样做好得多。

8.1.5 制定应急计划

并不是每一个行动都能按你预想的方式执行。由于有很多因素会影响一个活动计划的成功,因此遇到障碍就放弃一种想法是不明智的。还记得第 3 章中提到的《孙子兵法》中河流的类比吗？在河水流向大海的过程中，会遇到岩石的阻挡，它会怎么做？它会在障碍周围寻找可供选择的路径，并选择阻力最小的路径，从障碍物的旁边绕过去。但是，它最终会回到河道中流向大海。因此，一个好的行动计划应该具有灵活性并能适应变化，以便克服一些障碍。要记住，重要的不是你的某一个选择，而是最终目标。与河流不一样，团队有机会在遇到障碍之前评估各种可供选择的方案。

记得我曾经参加过一位斯坦福大学前任教授和管理顾问开设的课程。他为我们进行了一个案例分析，强调了将应急计划和执行计划结合起来的重要性。让我们一起看看这个案例。

案例分析

登月之旅

你是一个太空项目的成员,正试图在 21 世纪实现首次载人登月。载有 6 个人的宇宙飞船已经到达了绕月球飞行的外层轨道。两名宇航员乘坐一个较小的太空舱飞向月球，而其余 4 名宇航员则留在飞船上。着陆很顺利，登上月球的两名宇航员可以去收集标本，并做一些实验。从实验中收集的数据被传送到飞船上，但无法传输到地球(这是案例强加的约束条件)。收集的标本被安全地装进登月舱中。与飞船的通信不是很清晰，但在他们从月球表面起飞前，飞船上的人还是听到了两名宇航员的惊呼声。按计划，登月舱飞离月球后，进入低空轨道，以便再拍摄一些照片。在绕月球飞行几周后，宇航员则准备飞离低空轨道，并与在较高轨道上飞行的飞船对接。就在此时，故障发生了。本来应该将登月舱推离低空轨道的火箭没有点燃。

你和任务指挥部的团队最担心发生这种情况。你尝试了所有的方法，但全都无效。时间在悄悄地流逝，你必须制定决策。你的团队决定评估下面几个战略选择：

选择一：尝试营救两名宇航员。让飞船利用自己的动力飞离当前的轨道并与正在较低轨道飞行的登月舱对接，救出两名宇航员并拿到标本，围绕月球飞行几周，然后利用剩下的燃料飞离低空轨道，返回地球。问题是：飞船的燃料有可能不足以完成所有的活动，另外，在低空轨道对接被认为极其危险。你的团队计算出成功的概率是 20%。"成功"意味着飞船带着所有 6 名宇航员、数据和所有的标本返回地球。有 80% 的概率失败，这意味着 6 名宇航员全部牺牲，标本和数据也无法送回地球。

选择二：放弃登月舱和两名宇航员，并返回地球。这样做有 90% 的概率获得成功，但意味着尽管飞船可以带着 4 名宇航员和数据返回地球，但将失去两名宇航员和标本。

你和你的团队要做出一个多么艰难的决定啊！你有 5 分钟的时间，而且飞船上的指挥官无权制定这一决策。一切都由你决定。

你会怎么做？

我曾经看到过这一案例的不同结局。有些团队对概率论颇有微词，而其他团队会谈论个人目标、团队目标、组织目标的关系。还有一些团队则讨论实现总体目标的更全面的方法。争论非常激烈，我曾经见到过团队中的一些成员指责其他成员过于冷血，或者心肠太软。

存在一个正确或错误的答案吗？我认为不存在。我知道的是，如果有人要我制定决策，那么我的决策就是："按我们既定的应急计划执行。"如果主要战略遇到问题，我们无论如何不能在情绪激动、缺乏数据、时间紧迫的情况下凭一时的冲动制定决策。当一个战略无法实施时，优秀的团队会考虑阻碍战略实施的各种可能性，并讨论各种可选方案或应急措施。在所有情况下，这一过程的指导方针都是非常类似的。

- 想一想希望达到的目标，并致力于完成这一目标。这就回答了"为什么"这一问题。
- 在风险—收益分析中评估各种风险。这些风险通常会告诉你为什么某些事情会出问题。
- 仔细审查你的各个战略选择，并分析哪个选择将带你实现自己的目标。
- 重写执行计划，以便将团队在制定应急计划时必须包含的新行动细节包括在内。

在上面介绍的案例研究中，如果应急计划是放弃两名宇航员并返回地球，那么就需要制定一个执行计划，以应对新闻界和公众的强烈反应。换句话说，焦点应该是更多地关注公共关系，而且这一切应该在飞船离开地球之前就准备好。

如果应急计划是努力拯救登月舱中的两名宇航员，那么执行计划的重点就应该是在最短的时间内令最优秀的专家团队就位，以协助他们不惜一切代价地去执行一个艰难的计划。

在 AIM & DRIVE 的语言中，针对某一给定战略的应急计划应该是下列之一：

- 对于同一个成本驱动因素采用另一个战略选择。
- 对同一个关键成本选择另一个成本驱动因素。
- 坚持同一个战略，但采用不同的执行计划。

以用户手册的印刷为例。最初，团队在其执行计划中没有安排进行客户调查。他们打算凭借因改变纸张的质量而节约的成本来说服保罗·舒尔茨，并假设他会支持这一想法。如果保罗·舒尔茨拒绝批准改变纸张质量，那么应急计划是什么？记住，关键成本是纸张，关键成本驱动因素是纸张的价格，而战略选择之一是降低纸张的质量。

一个应急措施是放弃改变纸张质量以降低其价格的想法，而是关注纸张的来源、批量、订单的稳定性，以及更好的谈判策略。这有助于降低关键成本驱动因素——纸张价格——的数值。

如果不能通过改变纸张的质量来降低其价格，那么第二个选择是对同一个关键成本采用不同的成本驱动因素。如果看一看详细公式，并列出用户手册纸张成本的各种成本驱动因素，那么你会看到减少手册页数可以大幅降低成本。这完全可以作为一种战略，并与改变纸张质量的战略并行实施。或者，如果保罗·舒尔茨否决了改变纸张质量的想法，那么它可以作为一个应急措施。

最后，应急计划可以是最初的计划，但以不同的方式执行。在印刷用户手册的例子中，如果保罗·舒尔茨固执己见，那么获得其支持的最初的计划可能就无法实现。团队不应该放弃这一目标，而是可以制定一个应急计划，同首席财务官召开一次会议，展示市场调研的结果、改变纸张类型的好处，以及其他有助于首席财务官否决保罗的决策的证据。

在制定应急计划（如图 8.4 所示）时，A 公司的客户服务团队对上述建议进行了有趣的组合。对于第一个战略“通过为主要客户培训‘内部’技师来增加客户对产品的了解水平”，期望的目标是让客户所在地的内部技师来解决问题。如果这样做没有多少成效，那么团队认为可以通过下面两个途径实现同样的目标：或者为技师提供更多的培训（同一个战略，但实施方式不同），或者授权他们更换部件（同一个目标的另一个战略选择）。

AIM & DRIVE：制定一个应急计划			
主要成本：保修期内产品的客户服务成本			
选择的战略声明		期望达到的目标	应急计划 如果提议的战略选择无法达到预期目标，那么你应该采取何种可选战略?
2	通过为主要客户培训“内部”技师来增加客户对产品的了解水平	内部技师协助客户解决问题	进一步培训/替换部件
3	授权技术服务中心代表直接向客户发送替换产品，改变客户的期望水平	避免向客户派出现场服务人员	为客户提供激励
4	提高服务手册的清晰性以增加客户对产品的了解	客户解决问题	执行关键客户培训计划
6	提高客户服务接线员的技能水平以通过电话解决更多的问题	在客户服务中心解决更多的问题	重新确定工作范畴，并聘用更多的接线员

图 8.4　保修期内产品的客户服务应急计划表

8.1.6　将计划推销给利益相关者

多年来，在推广 AIM & DRIVE 战略的课程中，我曾经见到很多这样的例子：团队经过努力，提出了创新性的成本管理战略，而最终他们的想法却被束之高阁。为什么会发生这种情况？我能想到的唯一原因是团队未能将其战略“推销”给恰当的利益相关者，并得到他们的共同认可。很多情况下，这是因为缺乏管理层的支持，通常是利益相关者“非我发明”症的表现。在少数情况下，这是由于在向管理层或利益相关者进行说明时的糟糕表现造成的。现在，团队需要准备一个“获得支持”的战略。如果他们想要获得这种支持，那么我建议团队做下列这些事情：

- 获得必要的额外信息。
- 评估并修订工作表。
- 找出目标听众。
- 搜集听众的信息。
- 预测管理层关心的问题。
- 准备销售报告。
- 让“最好的”报告人做报告。

在大多数情况下，尽管团队付出了最大的努力，但他们在整个AIM & DRIVE流程中还是需要做出大量的假设。很多时候，成本是估计的，成本驱动因素的数值也不是准确计算出来的，节约的金额是近似的。获得必要的额外信息以证实你的假设、计算或决策的合理性是非常重要的。

回顾并评估一下你的工作表。确保整个过程有一条清晰的主线，并且你对选定的战略选择感到放心，已经找出了所有可能遇到的风险和所有的优势，以及一旦战略搁浅能够使你的团队摆脱困境的应急措施。完成所有这些工作后，你可能需要对某些工作表进行修订。

现在，团队需要找出谁应该来听取其战略展示。与我合作的公司中，很少有企业会让所有的决策者参与AIM & DRIVE团队。诺基亚公司可能是我见到的唯一例外。诺基亚公司实施一项战略所需要的时间比与我合作的其他公司短得多，这也是该公司获得竞争优势的原因之一。在其他公司中，我们需要绞尽脑汁去思考由谁进行说明，然后还要去了解这些人的信息。团队将注意力集中在展示材料上而忽视听众的特征是很正常的，但这是一个大错误。事先搞清楚你的听众喜欢简明扼要还是详细的解释、希望得到大量的支持性数据还是要求你发表自己的意见，这是非常重要的。

在理解了你的听众之后，下一个要点就是预测他们关心的事情。例如，如果利益相关者是财务主管（Financial Controller），你就可以断定，执行一个战略所需的投资资金数量肯定是他关心的问题。对于质量控制人员来说，通过在质量上采取折中措施以降低成本肯定是行不通的。同样，如果团队来自营销部门，他们最关心的事情可能是企业形象、产品上市时间以及客户关系。工程师对于节约资金的兴趣不大，他们更关心的是技术保护。用他们的语言同他们进行交谈，则战略成功实施的可能性就会大得多。对他们讲一些他们难以理解的话，那么你会发现自己得不到任何人的支持。一名优秀的律师会推测其对手可能向自己的客户提出哪些问题，并尽最大的努力在自己的调查中解决这些问题。如果可能的话，他会向陪审团证明，尽管证人的证词中存在一些瑕疵，但陪审团仍然能够得出相同的结论。这样，对方律师在法庭讯问时的吼叫也就起不了多大作用了。对你的战略也是如此。想一想你的听众会提出哪些问题，并在展示过程中的适当部分解决这些问题。

现在，以向目标听众“推销”你的战略为目标准备一次演讲吧。AIM & DRIVE 主工作表（如图 8.5 所示）非常适合进行一次简要的演讲。实际上，这一流程的逻辑是最大的卖点。很少有人会对评估表格中的每一个要点感兴趣。A 公司客户服务团队的演讲可以采用下面这种方式：

“女士们，先生们，我们的团队将管理公司的客户服务成本作为我们面临的挑战。我们的项目团队将客户服务作为主要成本是因为它比预算高出了 153%，这正在影响着公司的赢利能力（A）。我们的团队绘制出了流程，并追踪了提供这一服务时供应链中的各种成本。我们的供应商 F 公司的人力成本（特别是其技术服务成本和现场服务人员的成本）被认为是这一供应链中的关键成本（I）。我们的团队认为，在人力成本的诸多驱动因素中（M），关键成本驱动因素（D）是现场服务的效率，这是通过在客户所在地解决一个问题所花费的时间衡量的。对于每一个关键驱动因素的众多战略选择，我们都进行了全面的成本—收益分析（R）。我们的团队建议，通过为主要客户培训‘内部’技术人员，来提高客户对产品的了解水平。这应该可以显著减少 F 公司现场服务人员拜访客户的次数，为我们节省 368 万美元。我们还建议改变产品替换政策，允许 F 公司为在两天之内无法修复的产品提供新的替换产品，并让客户将有缺陷的产品直接返回给 F 公司的维修中心。这样做预计可以在下一年节约 532 万美元。我们已经仔细地设计出了执行计划（I），我们相信，这些战略以及其他一些次要的战略将为我们节约 1450 万美元，而当前的支出为 2320 万美元。在执行这一战略的过程中，我们期望得到你们的支持和参与，并解答你们所有的问题。”

由谁来做这一演讲？为什么这一点很重要？多年来，在推动成本管理战略的研讨班上，我见识了许多演讲，多数都很好，有些甚至非常精彩，但也有一些糟糕透了。有时候，我看到一些团队领导者整天都忙于打电话或接收电子邮件，根本没有参加战略制定会议，但要向高层管理者展示 AIM & DRIVE 战略时，这些人却代表团队进行演讲，结果搞得一团糟。在向高层管理者进行展示时，不断向其他团队成员求助，要求他们提供额外信息、要他们提醒或回答问题，这是极不专业的表现。因此，我建议团队从 AIM & DRIVE 讲习班开始时就选定一名发言人。这个人应该能够在听众面前自如地进行演讲、口齿清楚、语速较快，并且能够自信地现场回答各种问题。我建议在开始战略制定过程时就选定发言人的原因是：这会使他 / 她有时间思考自己该说些什么。如果知道自己将要进行演讲，那么这个人就会去搞清楚战略制定过程中存在的疑问。

现在应该走出去执行你的行动计划了。在下一章中，我们将讨论如何利用成本监控指标来确定计划的合理性，以便使你的努力能够得到回报。这是决定性的时刻。

AIM & DRIVE：主工作表

A　主要成本：保修期内产品的客户服务成本　　　　总支出=23206000美元

关键成本	成本驱动因素	关键成本驱动因素
I	M	D
现场服务人力成本	现场服务人力费率 现场服务效率 技术服务中心效率 客户服务效率 单位产品电话呼叫率	现场服务人力费率（小时数/打入电话数量）
直接材料成本	部件价格 新部件需求 维修效率 次品率	现场服务效率（打入电话数量/打给技术服务中心的电话数量）
运费	运输费率 部件重量 货物尺寸	技术服务中心效率（打给技术服务中心的电话数量/打给客户服务的电话数量）

选择的战略声明	行动计划	负责人	预计完成日期
R	I	VE	VE
通过为主要客户培训“内部”技师来增加客户对产品的了解水平	找出关键客户	营销	6月1日
	派代表到客户企业召开预备会议	营销	6月8日
	选择需要培训的客户公司人员	营销	6月15日
	进行内部培训	营销，F公司	7月8日
	F公司技师协助开展试维修	F公司	7月15日
	验证内部技师的表现	营销，F公司	8月8日
	内部技师独立开展维修活动	F公司内部技师	8月15日
授权技术服务中心代表直接向客户发送替换产品，改变客户的期望水平	调查关键客户并获得反馈	营销	7月1日
	列出结果	营销	7月8日
	确定运输、库存成本的变化	制造、工程、加工、财务	7月15日
	向管理层进行展示	制造、工程、加工、财务	7月22日
	培训技术服务中心人员	F公司	8月10日
	执行向客户运送产品的新政策	营销、F公司	8月15日

提高服务手册的清晰性以增加客户对产品的了解	分析以往的抱怨以找出重复发生的问题	工程、F公司	6月15日
	在当前手册上进行标注	工程、QA、制造	6月28日
	准备新的手册	工程、F公司	7月28日
	进行试印刷，并对关键客户进行测试	营销、印刷	8月10日
	修改后进行试印刷	工程、F公司、营销、管理层、印刷	8月17日
	向现有客户分发新手册	营销	8月30日
提高客户服务接线员的技能水平以通过电话解决更多的问题	分析以往的抱怨列表，以找出可以由非技术人员通过电话解决的问题	工程、营销、F公司	6月15日
	为客户服务接线员制定培训计划	营销、工程	6月30日
	培训现有的客户服务接线员	营销、工程	7月30日
	为客户服务接线员开发常见问题及应答参考手册	营销、工程、F公司、管理层	8月31日

图 8.5　保修期内产品的客户服务主工作表

第六步检查清单：执行行动计划

- ❑ 对每一个战略声明制定详细的行动列表。
- ❑ 评估前一步中找出的风险，并确保考虑了这些风险。
- ❑ 使团队的所有成员就行动计划达成一致。
- ❑ 为每一个行动项目分配职责。
- ❑ 指定每一项行动的完成时间，并得到具体负责各个步骤的人员的认可。
- ❑ 制定应急计划。
- ❑ 找出进行战略展示时的听众。
- ❑ 让演讲者进行练习。
- ❑ 进行展示并获得对这一计划的支持。

第 9 章
利用成本监控指标来审核实施计划

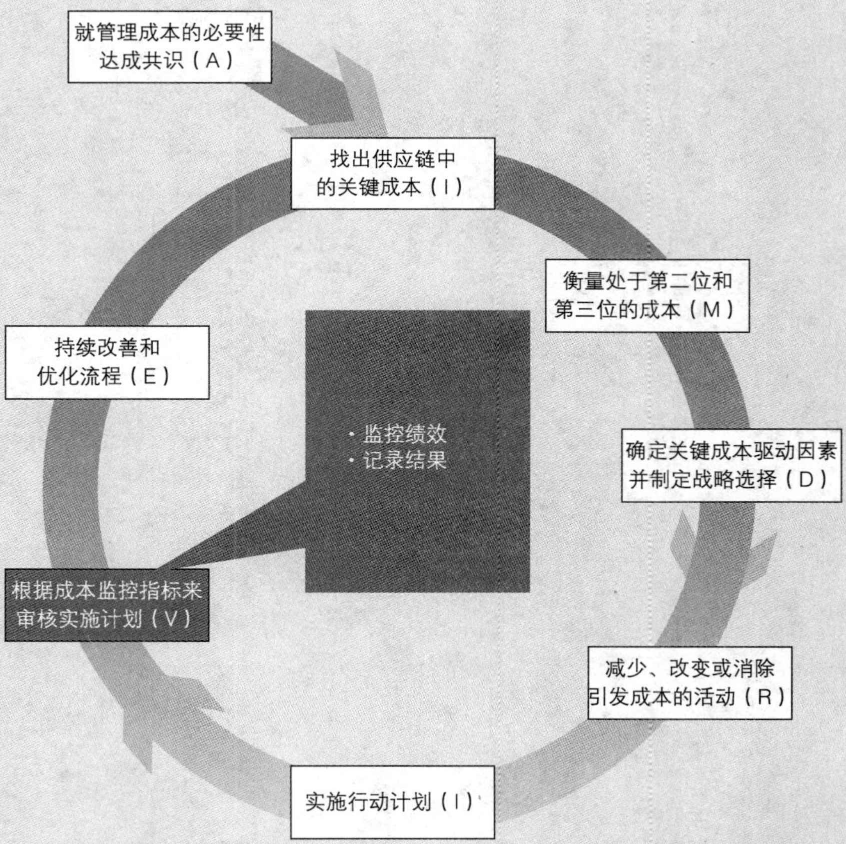

制定完执行计划后，你也许想享受一下完成一项工作的乐趣。但不幸的是，事情还没有完。你所完成的只不过是写出了一个战略，并可能得到了执行战略的必要支持。获得了利益相关者和供应商的支持而又让计划泡汤，没有比这更糟糕的了。除了丢脸之外，你将很难再次得到这类支持。然而，团队经常无法做到这一点。

在我有幸与之合作的众多公司中，成功的关键是为执行行动计划和监控节约或改善制定一个明确的时间安排。下面是一些非常有用的令团队专注于目标的指导原则：

- 指定一名项目协调人。
- 定期召开团队会议。
- 参加所有会议。
- 避免谈判。
- 监控不断变化的绩效。
- 记录下节约的金额和定性的收益。
- 评估目标说明表格。
- 如果有必要则修订行动计划。

9.1　指定一名项目协调人

一名行政官员要“不停地唠叨”，以保证团队处于正确的轨道上并持续执行花费了大量时间制定并编写出来的战略。这个人可以来自团队中，也可以来自相关的第三方。我经常看到客户邀请供应商团队的成员来领导项目的执行。没有硬性规则——除了那个人必须同意，并且必须有时间之外。项目协调人的作用是在必要的时候安排面对面的会议，尽管近年来电话会议越来越流行，但面对面的会议仍然是不可或缺的。在摩托罗拉之类的公司中，任命一个人担任所有 AIM & DRIVE 团队的项目协调人，而指定另一个人作为间接品类团队的协调人。这些协调人每天都要与一个品类团队或其他团队召开电话会议，在一天的特定时间还要与美国、中国、新加坡和欧洲的团队进行沟通，我真不知道摩托罗拉的项目协调人何时休息！但这些努力得到了回报。在三年的时间内，有300多个战略声明得以实施。有多少公司能够声称它们正在思考如此多的目标呢？这并不意味着300多个战略都已经成功地完成。在某些情况下，团队在执行过程中发现某一想法无法实施，或者某一产品已经被放弃了。但这仍然是一种执行行动计划的系统性方法。没有人感到浪费了他们的时间。

诺基亚公司拥有不同的企业文化，但同样有效。在诺基亚公司中，品类团队领导人［公司称这些人为供应线经理（Supply Line Manager，SLM）］是各自品类的项目协调人，公司希望他们独自管理执行过程。我钦佩诺基亚公司，是因为当人们发现一个好的想法时，他们会快速制定决策，并以令人难以置信的速度执行这一战略。许多公司都遵循诺基亚的方法，让品类经理负责执行计划的实施与管理。由谁来负责项目的协调其实并不重要，重要的是谁对其负责。

9.2 周会、双周会或电话会议

团队成员间面对面的沟通，不管是直接见面还是通过电话会议，对于团队执行其行动计划来说是非常重要的。那么，团队应该多长时间开一次会呢？对这一问题没有标准的答案。我认为，开会的频率应该根据团队制定的行动计划的类型而定。一些行动项目之间的时间间隔会很长，因此，如果没有什么事情发生，每个星期开一次会是没有意义的。对于我曾经合作过的大多数公司，我建议其团队在最初的三四个星期内每周开一次会，并至少在随后的四五个月内每两周开一次会。再重复一次，没有一个固定的会议次数，但我观察到，团队一起工作6个月的时间可以得到最好的结果。在某些情况下，我的公司应邀对一个战略进行跟踪，我们要求团队在另外6个月左右的时间里每个月与我们召开一次会议。他们已经接受了新的项目，并继续对以前的项目进行改善。

9.3　参加所有的面对面会议和电话会议——每次都要准时

尽管你面对的是成年人和专业人士，但仍然有必要强调准时参加电话会议和面对面会议的重要性。一家供应商抱怨某家大型公用事业公司的某些品类经理总是在供应商不方便的时间安排电话会议。但是，当供应商团队打通电话后，他们需要等待很长时间，客户的团队才会到场。在某些情况下，出席会议的只有供应商团队和我的代表，而客户团队根本就没有人出席。这种情况完全不可接受。客户应该出席电话会议，哪怕只有几分钟也行。IBM 公司也出现过类似的情况，一位品类经理邀请一家明尼苏达的供应商参加在圣何塞召开的一次面对面的 AIM & DRIVE 会议，但他自己却在最后一刻退出了会议。我记得后来 IBM 的战略与采购主管亲自向供应商道歉。那位品类经理被调离了其工作岗位。

9.4　避免陷入谈判之中

当 AIM & DRIVE 项目的团队召开会议时，将重点集中在协作执行以前制定的计划上是非常重要的。但是，忘掉这一点并陷入谈判之中也情有可原，特别是行动计划的执行不像预期的那样顺利时。重要的是，你不要落入这一陷阱之中——这是一个可怕的陷阱！一家曾经与我协作的德国公司就曾经有过这样的经历，它与供应商最初制定的战略显示可以节省数百万欧元。问题在于，采购部门的客户代表无法分清协作与谈判。在每一次电话会议上，他都会提出一个完全不相关的问题，通常是某些部件的价格问题。有时候，我们正在集中精力讨论一个真正的突破性想法，这一想法有可能使某一组件的价格下降超过 50%，但那位采购员仍然不停地追问成本分析问题以及某个部件的价格问题。虽然我们多次提醒他这里不是谈判的地方，但他仍然不死心。最终，供应商撤出了其团队，并拒绝参加任何 AIM & DRIVE 活动。客户公司的首席采购官和供应商公司的总裁召开了一次会议，才使供应商团队回到了会议桌旁。来自采购部门的那个人则被请出了团队。

9.5 监控绩效

在任何项目中，计划的实施都需要监控，以保证某一活动在特定日期完成。项目协调人或团队领导者的工作就是监督工作表被持续更新。做一些说明来解释项目计划或活动延误的原因是非常明智的。这不仅有助于团队理解延误的原因，而且那些以后使用这一战略和这一工作表的团队也可以了解这些情况。例如，团队可能为某一项目的工程变更制定了一个不现实的时间期限。如果另一个团队在以后遇到了类似的情况而且又不允许延误时，他们在做出决定之前就会三思而后行。A 公司的客户服务团队使用如图 9.1 所示的表格来监控计划的执行情况。另外两个团队采用的方法略有不同，他们对所有的行动步骤都提出了意见。有些活动按时完成了，团队将其记录下来。而在出现延误时，团队也要给出原因。如果需要扩大某一战略和执行计划的应用范围，那么书面说明越详细，对于使用这一战略的其他人来说就越有利。下面看一看用户手册印刷团队的监控表（如图 9.2 所示）和瓦楞纸箱团队的监控表（如图 9.3 所示）。

作为监控过程的一部分，绘制一份流程图以显示实施某些计划而导致的结果是一个很好的做法。在后面，我们将讨论如何维护一个想法数据库。绘制出一系列流程图能够让其他人看到团队如何一步步地实施其战略。一张新的流程图用图形的方式表明某一行动已经完成，而有些活动则被减少、消除或改变了。图 9.4 显示出了 A 公司客户服务团队的一份修正的流程图（最初的流程图如图 4.2 所示）。

监控绩效的方法有很多种。其中一种老式的方法是由团队中的一个人关注预计完成日期，并提醒相关人员他们负责的活动即将到期。今天，在技术的帮助下，很多此类工作可以自动完成，利用一个简单的软件，就可以自动地向负责每一项活动的人发送一条信息。计算机软件会生成一封电子邮件，发给团队成员，提醒他们某一活动在某一天即将到期。这类通知的提前期是由项目领导者设定的。如果一项活动被延期数天，就会自动向该活动的负责人发送一条提醒信息。这一信息也会抄送项目协调人。如果活动延误的时间过长，

AIM & DRIVE：审核计划

主要成本：保修期内产品的客户服务成本

	选择的战略声明	行动计划	负责人	预计完成日期	实际完成日期	意见
2	通过为主要客户培训"内部"技师来增加客户对产品的了解水平	找出关键客户	营销	6月1日	6月1日	
		派代表到客户企业召开初步会议	营销	6月8日	6月8日	
		选择需要培训的客户公司人员	营销	6月15日	6月15日	
		进行内部培训	营销，F公司	7月8日	7月8日	
		F公司技师协助开展试维修	F公司	7月15日	7月15日	
		评估内部技师的表现	营销，F公司	8月8日	8月15日	
	净节约：3680000美元	内部技师独立开展维修活动	F公司内部技师	8月15日	8月22日	
3	授权技术服务中心代表直接向客户发送替换产品，改变客户的期望水平	调查关键客户并获得反馈	营销	7月1日	7月1日	
		列出结果	营销	7月8日	7月15日	
		确定运输、库存成本的变化	制造、工程、加工、财务	7月15日	7月21日	
		向管理层进行展示	制造、工程、加工、财务	7月22日	7月28日	
		培训技术服务中心人员	F公司	8月10日	8月25日	
	净节约：5320000美元	执行向客户运送产品的新政策	营销、F公司	8月15日	8月31日	
4	提高服务手册的清晰性以增加客户对产品的了解	分析以往的抱怨以找出重复发生的问题	工程、F公司	6月15日	6月15日	
		在当前手册上进行标注	工程、QA、制造	6月28日	6月28日	
		准备新的手册	工程、F公司	7月28日	8月8日	
		进行试印刷，并对关键客户进行测试	营销、印刷	8月10日	8月17日	
		修改后进行试印刷	工程、F公司、营销、管理层、印刷	8月17日	8月24日	
	净节约：550000美元	向现有客户分发新手册	营销	8月31日	9月8日	
6	提高客户服务接线员的技能水平以通过电话解决更多的问题	分析以往的抱怨列表，以找出可以由非技术人员通过电话解决的问题	工程、营销、F公司	6月15日	6月15日	
		为客户服务接线员制定培训计划	营销、工程	6月30日	6月30日	
		培训现有的客户服务接线员	营销、工程	7月30日	7月30日	
	净节约：1555000美元	为客户服务接线员开发常见问题及应答参考手册	营销、工程、F公司、管理层	8月31日	8月31日	

图 9.1　保修期内产品的客户服务情况监控

AIM & DRIVE：审核计划					
主要成本：用户手册印刷成本					
选择的战略声明	行动计划	负责人	预计完成日期	实际完成日期	意见
2 只印刷快速入门指南，而将手册的其余部分放到网络上	进行客户调研以分析对客户满意度的影响	营销	6月21日	6月21日	准时完成
	确定需要进行印刷的手册数量	营销	6月28日	6月28日	准时完成
	估算将手册放到网络上的成本	营销、加工、工程	7月10日	6月30日	提前完成
	向保罗·舒尔茨进行展示，以获得他的支持	营销、加工、工程	7月15日	7月21日	保罗·舒尔茨没有时间
	如果保罗批准，重新设计手册，加强图形说明	营销	9月15日	10月8日	延误主要是因为有权更改设计的人太多了
	设计、开发网站	营销、工程	10月31日	11月15日	延误主要是因为有权更改设计的人太多了
	设计Zigmo背板维修指南	营销、工程、制造	10月31日	10月31日	按计划完成
	执行流程变更，将上述内容包含进来	制造	11月30日	11月30日	流程完成并进行了测试，没有发现问题
净节约：5715000美元	启用客户服务"800"免费电话	营销	11月30日	11月30日	按计划完成。第一年记录的节约金额为570万美元

图 9.2　用户手册印刷情况监控

AIM & DRIVE：审核计划							
主要成本：瓦楞纸箱成本							
	选择的战略声明	行动计划	负责人	预计完成日期	实际完成日期	意见
1	通过增加托盘替代物来消除托盘	分析产品列表，以找出哪一产品可以应用这一战略	客户经理	6月21日	6月21日	准时完成
		向供应商下试订单，不使用托盘	客户经理	7月28日	7月10日	试订单延误一周，原因是过量库存
		测试能够承受叉车装卸的不同的泡沫包装	包装工程师	7月10日	7月10日	准时完成
		评估并制定采纳/不采纳决策	包装工程师	7月15日	7月15日	准时完成
		如果可行，则在所有货物中实施	客户经理	8月15日	8月31日	60%的货物取消了托盘，其余40%因其他部门的反对而保留了托盘
	净节约：TBD					
3	改变瓦楞芯纸的类型，将抗压强度从26磅降低到23磅	收集23磅包装物的样品	采购	6月28日	6月28日	改变瓦楞芯纸的决定在第四季度初做出
		与包装工程师召开会议以评估抗压强度是否可以改变，安全系数是否现实	采购	7月15日	7月31日	延误是因工程师没有时间造成的
		设定最低要求，进行抗压试验	包装工程师	7月31日	8月21日	抗压试验延误了
	净节约：TBD	如果测试表明可行，则启动改变程序	客户经理	8月31日	9月15日	80%的产品线进行改变

图 9.3 瓦楞纸箱情况监控

那就要反映给适当层级的管理人员，以采取进一步的措施。尽管这看起来像是在进行微观管理，但它的确使任务得以完成，而这是最重要的。

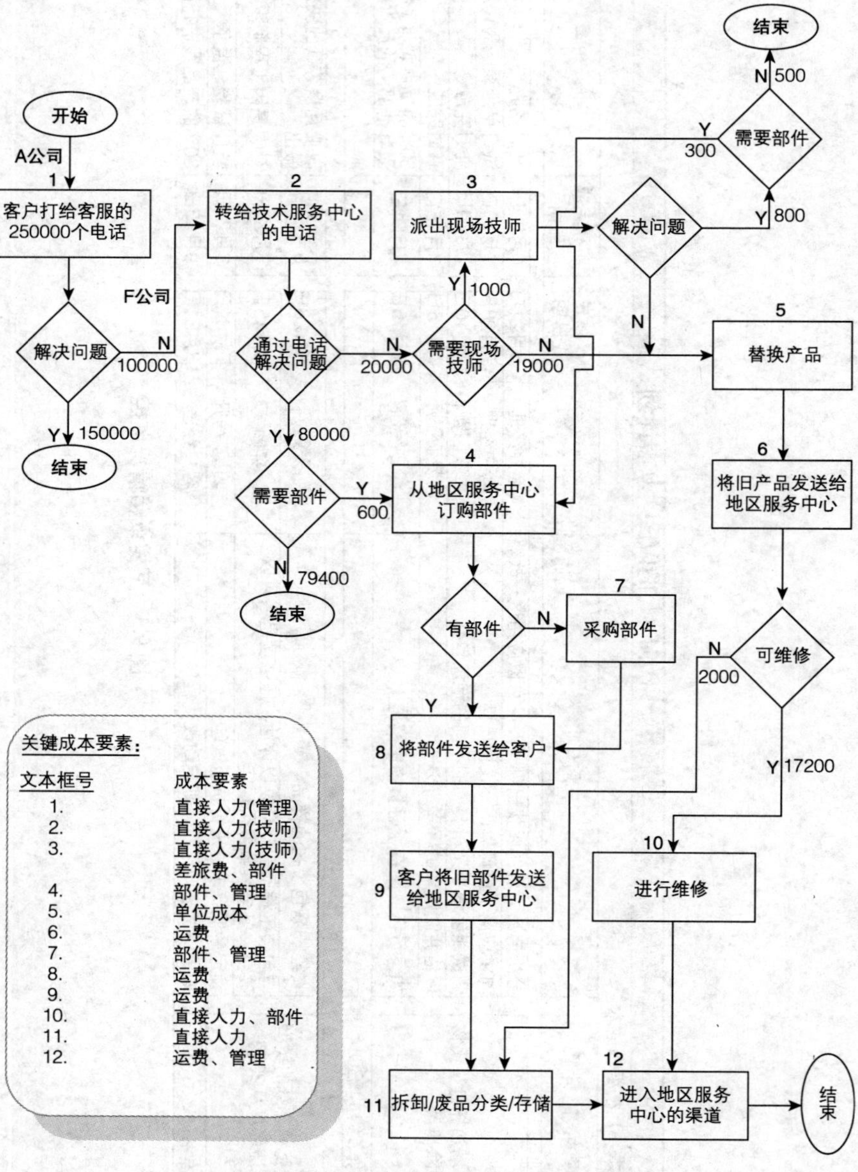

图 9.4 保修期内产品客户服务的新流程图

9.6　记录下节约的金额

让我们实话实说。如果在一天结束的时候你无法证明团队利用你们的战略带来了节约,那么管理层是不会高兴的。在战略执行结束后,尽自己最大的能力记录下因执行战略而带来的金钱上的节约以及定性的收益是非常重要的。图 9.5 和图 9.6 显示出了 A 公司客户服务团队如何记录结果并将其总结在核实表（Verification Worksheet）中。在记录节约的金额时，说明这些节约的计算方法也非常重要。请注意图 9.5 中是如何详细说明这些数字的计算过程的。有时候，人们需要做出大量的假设，这样的话计算将非常困难。在这种情况下，你必须说明这些假设，并证明这些假设在某种程度上是合理的。

活动细节	公　式	估计金额	以前的金额	差别（节约）
1. 250000 个电话打到客户服务中心（每个电话平均 10 分钟，每分钟 0.50 美元）	250000 × 10 × 0.50 美元	1250000 美元	300000 美元	950000 美元
2. 100000 个电话转到 F 公司技术服务中心（每个电话 12 分钟，服务费率：每小时 150 美元）	100000 ÷ 5 × 150 美元	3000000 美元	2000000 美元	1000000 美元
3. 技术服务中心解决的 600 个电话所需部件（每个部件 70 美元）	600 ×（40+20+10）美元	42000 美元	70000 美元	（28000 美元）
4. 1000 个现场服务电话（平均每个电话需 2 小时，每小时 150 美元）	1000 × 2 × 150 美元	300000 美元	19200000 美元	（18900000 美元）
5. 现场服务电话所需部件的成本（80% 的电话得到解决，其中 37.5% 的电话需要部件，每个部件 70 美元）	1000 × 0.80 × 0.375 × 70 美元	21000 美元	196000 美元	（175000 美元）
6. 有缺陷的产品运回地区服务中心并进行维修的成本（19200 件产品中有 17200 件产品得到维修，每件产品净成本 200 美元）	17200 ×（300+20+105-225）美元	3440000 美元	806400 美元	2633600 美元
7. 有缺陷的产品运回地区服务中心后报废。报废 2000 件，每件净成本 330 美元	2000 ×（300+20+10）美元	660000 美元	633600 美元	26400 美元
保修期内产品客户服务的总成本		8713000 美元	23206000 美元	14493000 美元

图 9.5　保修期内产品客户服务估计节约金额

AIM & DRIVE：审核计划							
主要成本：保修期内产品的客户服务成本							
选择的战略声明		期望的净节约（美元）	实现的节约（美元）[A]	实现的支出（美元）[B]	实现的净节约（美元）[A]–[B]	定性的成果	评论
2	通过为主要客户培训“内部”技师来增加客户对产品的了解水平	3680000	3030000	245000	2785000	客户调查表明，由于周转速度加快，客户满意度明显提高	现场服务的实际减少次数比预期低21%
3	授权技术服务中心代表直接向客户发送替换产品，改变客户的期望水平	5320000	13770000	3995000	9775000	1. 同上 2. 技术服务中心员工的士气提高	现场服务的实际减少次数比预期高20%
4	提高服务手册的清晰性以增加客户对产品的了解	565000	180000	35000	145000	手册更易于阅读	手册的使用低于预期
6	提高客户服务接线员的技能水平以通过电话解决更多的问题	1555000	1920000	132000	1788000		
期望净节约=		16205000		实现的净节约=	14493000		

图 9.6 记录保修期内产品客户服务的结果

9.7　记录定性的收益

并非所有的战略都会给公司带来金钱上的收益。正如你在风险—收益分析中看到的一样，有时候团队无法量化某种回报，但仍然把它列了出来。例如，实际上在所有选定执行的战略选择中，都存在的一个收益是提高了客户满意度。你如何量化这一点？但是，如果可能的话，你还是值得对其进行记录。如果有一种方式能够显示出客户服务水平因执行一个战略而得到了改善（如通过客户抱怨的数量来衡量），那就必须付出努力，进行一次调研。

9.8　重新评价目标说明表

我注意到许多团队在执行其战略时会遇到麻烦，这些团队大多把重点集中于成本的节约。让我们回到这一流程的第一步（即团队就对成本进行管理达成一致意见），在这一步中，团队从不同的角度列出了许多目标。在核实行动计划的时候，我们有必要再次评估 A 公司和 F 公司的目标，看看在这些目标上有没有进展。让我们花些时间再次列出这些目标（如图 9.7 所示）。

AIM & DRIVE：就成本管理达成一致

A公司的目标：

财务	利润率达到5%
营销	使Zigmo的市场份额增加6%
质量	满足顾客对产品和服务质量的期望
采购	标准化Zigmo使用的部件
采购	获得客户服务解决方案的最低总拥有成本

F公司的目标：

财务	利润率达到7%
营销	为A公司的客户提供世界级的服务，缩短检修时间
物流	避免使用空运来运输部件
质量	维持高维修质量
服务中心	优化服务中心工作量
现场服务	最大化生产性时间

图 9.7　保修期内产品的客户服务目标说明（客户目标和供应商目标）

仅在客户服务成本一项上的节约就差不多达到了1450万美元，因此A公司将有可能实现其5%的目标利润率。除了财务目标外，A公司和F公司都还有一些其他目标，如：

- 新的替换政策带来了更快的周转时间，因而可以提高客户的满意度，这反过来又会使A公司的营销团队感到高兴。
- 随着内部技师的引入，客户服务中心的工作量会有所降低，因为打到服务中心的电话会减少。
- 客户对A公司的产品更加了解有助于F公司实现其优化技术服务中心工作量的目标。

9.9 修改行动计划

在AIM & DRIVE流程的核实阶段，让我们再回忆一下河流的类比。这一流程应该灵活一些以适应变化。有时候团队在AIM & DRIVE研讨会中承担了一个项目，尽管客户和供应商公司都有良好的意向，但双方恰当的人员可能并没有到场。在研讨会进行期间，人们讨论了某些战略选择，评估了风险与收益，并选定了一个战略进行实施。随后，团队在未来几周内继续召开面对面的会议或电话会议，某些问题或约束可能就会浮现出来，导致需要对战略或执行计划进行修订。一家大型电信公司的团队在AIM & DRIVE流程中与其关键的供应商协作，以标准化键盘上某一个键的颜色。当时，这似乎是一件很明智的事情，特别是这样做可以节省大约200万美元。但是，几周后当我们进入计划执行阶段时，一位来自营销部门的员工参加了电话会议，她非常恼火，因为团队差不多已经完成了那一键盘的再认证，却没有咨询她的团队。显然，在设计中那个键有8种不同的红色是有原因的。尽管这个战略没有被彻底放弃，但执行计划却需要修订，团队决定重新看一看设计说明书，在不同国家的市场上进行一次新的调研。最终，他们在董事会上与营销部门达成一致，将颜色的数量由8种减少为2种。这样做仍然节省了160万美元，并减少了与营销人员的大量不愉快。

9.10 对团队进行评级

向团队提供反馈非常重要。在一些公司中，我参与了高级管理层评定实施 AIM & DRIVE 流程的团队绩效等级的工作。这不仅仅是节约多少成本的问题。在很多情况下，我们还对团队实施这一流程的情况、客户与供应商代表的参与程度、品类经理的领导力、整个团队的激励以及节约的金额进行评定。有时候，向领导层表明客户公司的领导力较差或参与不足十分重要。图 9.8 是对一组 AIM & DRIVE 团队的评级表。请注意表格中最右边一栏的评论。

对团队进行评级的标准（A～F）

1. 客户的参与。
2. 供应商的参与。
3. 产品经理的领导力。
4. 执行成本管理战略的激励。
5. 得到证明的节约金额。

团队（开始日期）	个别评级	总体评级	问题/评论
Sapura-Accessories（2006年9月）	1. A 2. B 3. B 4. A 5. A (5%)	A	· 成立以来，该团队已经承担了三项主要成本的降低项目，所有项目都实现了成本节约 · 动力十足
Augusta-Sensors（2007年6月）	1. A 2. A 3. A 4. C 5. –	B	· 与Silverstone成本挑战相比，这一成本挑战进展较慢 · 发现有15%的成本节约潜力
Silverstone-Sensors（2007年6月）	1. A 2. A 3. A 4. A 5. –	A	· 在让工程部门认可他们提出的建议方面，该团队一直做得比较好 · 发现有27%的成本节约潜力
Monza-Energy（2006年11月）	1. C 2. B 3. C 4. C 5. A (16%)	C	· 该团队的战略集中在标准化上，但总体激励不足 · MCD实现了16%的内部成本节约（"推动标准单元和标准包装的使用"）
Linear-Stabilizers（2006年11月）	1. B 2. A 3. – 4. B 5. –	B	· 因缺乏产品经理推动Syzygy一方的工作，该团队正陷入困境之中 · 供应商积极参与 · 2008年将实现大量的成本节约
POS-Stamping（2007年8月）	1. B 2. A 3. A 4. A 5. –	B	· 供应商积极参与，并且愿意改变内部流程 · 支出太少，难以实现显著节约

图 9.8 AIM & DRIVE 评级表示例

9.11 共享学习流程

对于团队及管理层来说，能够节约多少成本非常重要，而同样重要的是共享 AIM & DRIVE 流程的体验。在 IBM 公司，吉恩·里克特每年联系各品类团队（IBM 称之为产品委员会）的次数总是多于他联系自己的采购执行委员会（Procurement Executive Council，PEC）的次数。产品经理要向吉恩和他们的直接领导汇报其战略及成本节约金额。我参加了一些此类会议，给我留下印象最深的是人们向产品委员会提供的直截了当的反馈。另外，委员会其他领导者的出席保证了一个人的知识能够为所有人了解。

在下一章中，我们将看一看如何对知识进行推广，以最大化 AIM & DRIVE 流程的影响。

第七步检查清单：利用成本监控指标来审核实施计划

- ❑ 指定一名项目协调人。
- ❑ 每周或每两周召开一次面对面的会议或电话会议。
- ❑ 参加所有的会议。
- ❑ 避免在 AIM & DRIVE 流程中进行谈判。
- ❑ 对各个活动的绩效进行监控。
- ❑ 绘制一张新的流程图。
- ❑ 记录下节约金额，并说明所有的计算过程。
- ❑ 记录下定性的收益。
- ❑ 重新审查目标说明表。
- ❑ 如果有必要，修订行动计划。
- ❑ 6个月后召开评估会议，对团队进行评定。
- ❑ 通过宣传成功的案例并把握发展机会来共享学习过程。

第 10 章 持续改善和优化流程

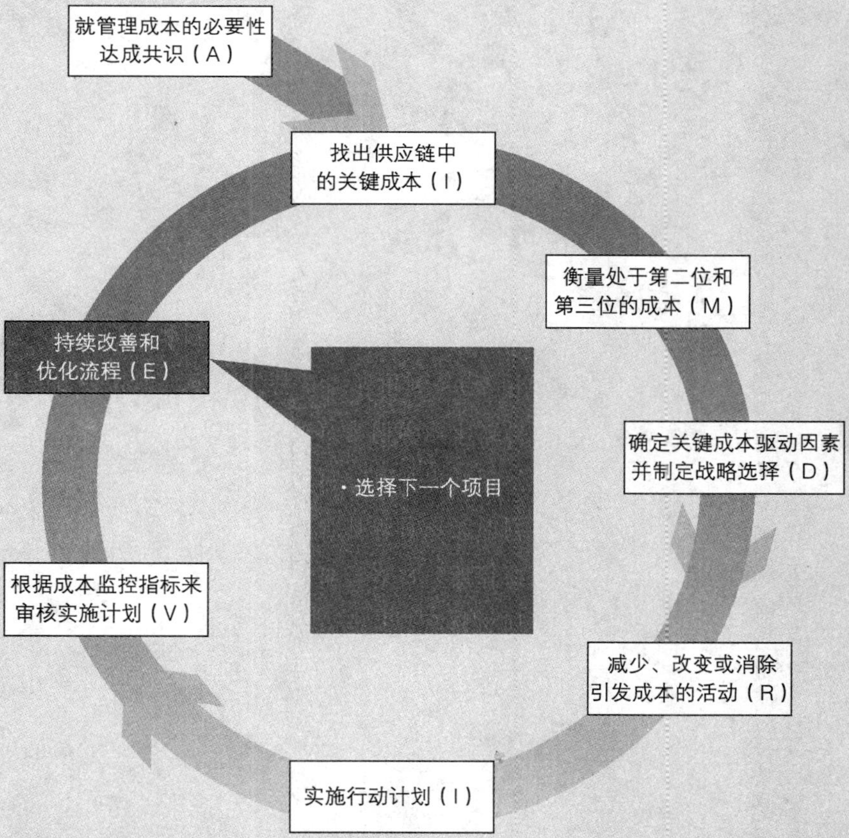

就像全面质量管理一样，成本管理之旅永无止境。我从来没有看到过一家公司向其供应链发出这样的信息："我们赚的钱太多了，请不要再进行成本管理了。"也许你认为石油公司有资格这样说。但先别这样认为。我曾经与五大石油巨头中的三个合作过，请相信我，它们面临着越来越大的成本管理压力。这并不是因为它们担心利润受到侵蚀，而是因为它们认识到，在未来的 5 ~ 10 年中，它们要花费数以十亿美元计的金钱用于购买资本品，以及开发对环境更加友好的石油开采与运输流程。

10.1 战略的延伸

设计 AIM & DRIVE 流程是为了使致力于成本管理的战略永远持续下去。这就是为什么我用一个圆圈来表示这一流程的原因。现在，你应该明白，如果你想要对成本进行管理而不仅仅是削减成本，你就需要找出关键成本，列出成本驱动因素，找出关键成本驱动因素，并针对每一个关键成本驱动因素制定战略选择。然后，你还要对选定的战略选择写出战略声明并进行全面的风险—收益分析，以便确定战略选择的优先级。完成这一工作后，你必须制定一份可行的执行计划和一份应急计划。最后，确定因执行这一战略而获得的定性和定量方面的收益也非常重要。下一步是什么？看一看那个圆圈，你就能找到答案。我曾经合作过的团队采取了下列基本步骤，以在各自的公司中保持 AIM & DRIVE 的活力：

1. 对当前的战略进行推广，以充分发挥一个战略声明节省成本的潜力。在 A 公司客户服务的例子中，最大的节约之一来自在关键客户所在地培训内部服务技师。团队可以增加培训内部服务技师的公司数量，这样就可以将这一战略的潜力充分发挥出来。

2. 对一个关键成本驱动因素选定另一个战略选择，写出战略声明，进行风险—收益分析，制定实施计划，并执行这一计划。在A公司，关键成本驱动因素之一是技术服务中心的效率（在本例中是缺乏效率），以打给技术服务中心而导致需要派现场服务人员到客户所在地的电话数量占总电话数量的比率来衡量。一个可能的新战略选择是提高技术服务中心接线员的沟通技能，因为公司注意到，在很多情况下，即使是一个非常简单的维修操作，他们也无法将解决方案告诉客户。这一战略声明可以是这样的："对技术服务中心选定的员工进行沟通技能培训，以便增加技术服务中心通过电话解决客户问题的数量。"这样做的好处是现场拜访次数将减少，周转时间将缩短，客户满意度将得到提高。而风险包括：需要选出一些员工并对他们进行培训以提高其沟通技能，以及经过培训后的技术人员离开公司而另谋高就。计划的实施包括评估技术人员的沟通技能、确定恰当的培训项目、选定培训者、进行培训和评估，并监控结果。
3. 选择另一个关键成本驱动因素（或选择一个以前被认为并非关键的成本驱动因素），列出战略选择，为选定的选择制定战略声明，进行风险—收益分析，写出实施计划和应急计划，然后执行这些计划。
4. 为同一个主要成本或项目找出另一个成本要素，并针对这一成本要素执行剩下的步骤。

你明白了吗？这是一个永无止境的逻辑循环，可以反复应用。当你看起来已经利用了所有的机会时，你可以转向其他项目，利用AIM & DRIVE流程成功地在供应链中降低成本。选择另一家供应商或者邀请一位客户参与战略制定过程。许多应客户之邀参加我举办的AIM & DRIVE研讨会的供应商也要求我帮助它们在其内部团队、供应商群体或它们自己的客户中应用这一流程。"我们相信，我们可以和你们共同努力削减供应链中的成本。这是针对这一产品/服务执行AIM & DRIVE方法的步骤和我们与你们的团队共同努力的承诺。节约的很大一部分会以降价的形式使你们受益。”当供应商对其客户这样说时，你能想象客户的脸上是什么表情吗？客户很可能大吃一惊。想想看，这对你的客户会产生多么大的影响。

最后，有些公司（如Celestica公司）将自已在AIM & DRIVE活动中学到的东西与其客户进行共享，并将这些知识应用到其关键供应商的企业中。

10.2 将一种想法应用于其他产品

为了利用世界上最古老的观念——数量优势，许多世界级的团队走过了一个漫长的旅程。现在，到了利用最新的最佳实践的时候了，即在延伸的企业中（也就是在“一体化供应链”中）充分利用一种想法。我们应该对一种战略进行推广，以便充分发挥其潜力。在这一领域中有很多机会，但经常被浪费。推广一种想法并不会使企业产生额外的成本。下面的一些方法能够保证在各产品平台、服务合约和资本品采购中对某些想法进行推广。

1. 建立一个AIM & DRIVE数据库，以存储不同团队的工作表。
2. 为团队提供激励，鼓励他们去帮助那些能够利用其想法的团队。
3. 召开想法分享会议。
4. 利用Web 2.0技术，强化突破性想法的沟通。

10.2.1 建立AIM & DRIVE数据库

在一条供应链中，成功的终极衡量指标就是对一种想法的推广。我曾经听到有些公司谈论知识管理，并花费了数百万美元推行一些诱人的项目。我个人认为，内容比管理这些内容的软件更重要。这并不是说不应该对数据进行管理。需要数据的人应该能很容易地获得这些数据，而且格式应该保持一致。每家公司都有自己存储数据的方式，图10.1显示了我们如何为一家电信设备制造商管理和组织AIM & DRIVE战略。

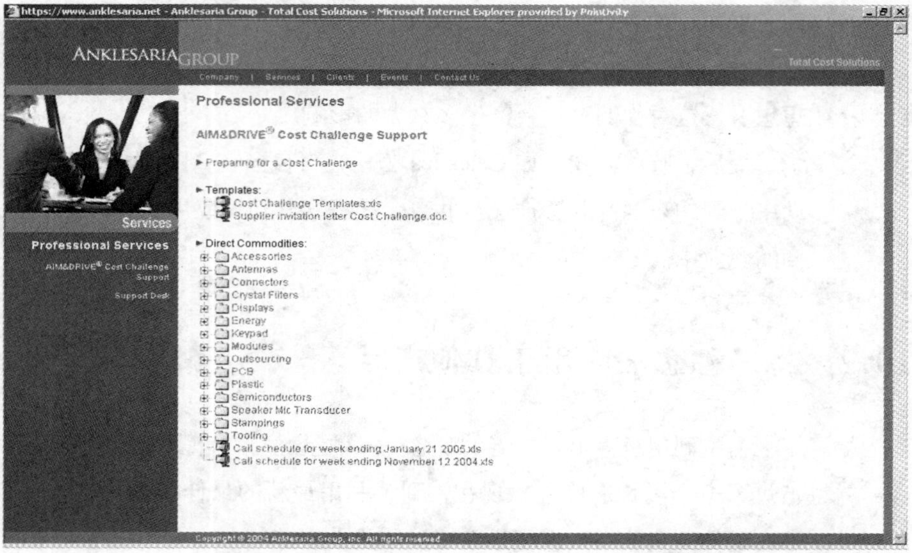

图 10.1　AIM & DRIVE 数据库

登录这一网站的唯一途径是通过企业的内部网。因此，公司需要确定谁有权获得这些数据。在大多数情况下，战略对于各个品类的所有团队成员都是开放的。但是，如果某一战略中包含供应商不想与客户公司的其他团队分享的专有信息，那么除特定 AIM & DRIVE 团队之外，这些文件应该禁止其他任何人查看。反过来。供应商只有权查看他们参与制定的那些工作表。

在 AIM & DRIVE 成本挑战网页上提供哪些信息完全由建立网站的公司决定。一般来说，用户登录网站，可以查看如何为战略制定会议做准备（如图 10.2 所示），或者如何选择并邀请其关键供应商参加会议。他们可以使用标准的信件（如图 10.3 所示）对其关键供应商发出邀请，再加入一些个人的色彩。可以在邀请信中加入这些模板的电子版，这样团队在讨论流程的各个步骤时就可以开始填写。这是人们所谓的“知识整理”（codification of knowledge）的基础。与其他数据库管理流程一样，必须有一名项目主管或其他人负责上传这些模板、工作表和其他文档。我曾经看到过有些团队领导被授权上传并修改各自的工作表。

为 AIM & DRIVE 研讨会做准备

选择话题

- 为研讨会选择 3 ~ 4 个项目。
- 项目是指对一家供应商的支出总额，而这家供应商将成为在研讨会上制定战略时的“话题”。
- 项目可能包括以下任何内容：

  — 特定部件数量、部件、组件，或供应商提供的一种服务。

  — 一组部件。

  — 一种支出的类型（如后勤、订单的执行）。

  请注意：每一个项目代表一种你认为非常可观的支出，且在未来有可能持续，这一点很重要。

选择供应商并对其发出邀请

- 对于每一个项目，找出你愿意与其合作的供应商。
- 选择供应商的标准包括（但不限于）以下几个：

  — 业务份额最大的供应商。

  — 最有可能进行“协作”的供应商。

  — 在不久的将来有可能获得最大业务份额的供应商。
- 向供应商发出邀请。

确定参与者

- 找出团队成员并确保他们参加会议。

  请注意：对于一个有效的项目来说，确保你的公司和供应商企业中的“正确”人选参加会议至关重要。“正确的”人选包括那些对“流程”拥有深度知识的人以及有权制定决策的人。在工作会议上，每一名与会者都应该有能力对讨论做出有价值的贡献。
- 从本质上说，项目团队是跨职能的，可能包括一名或多名下列人员：

来自你的公司	来自供应商
—商品经理	—客户主管
—运营 / 生产	—运营 / 生产
—设计工程	—设计 / 加工工程
—营销	—财务 / 会计
—其他内部利益相关者	—质量

- 在工作会议期间，有可能会出现一些特殊的问题，需要客户或供应商的专家提供专业知识。这些人可能需要参加电话会议，或亲自到会解决特定的问题。

研讨会后勤检查清单

✓ AIM & DRIVE 图书和研讨会手册。

✓ 一台投影仪（包括电缆），以便讲解人员将其笔记本电脑上的内容投射到银幕上。

✓ 一个电源接线板。

✓ 一至两套活动挂图，配备记号笔。

✓ 更可取的座位布局：圆形会议桌使得人们可以按项目组就座。

✓ 会间休息室

— 每一间休息室应该配备一套活动挂图、数支记号笔和胶纸带。

图 10.2 为 AIM & DRIVE 会议做准备

2007 年 9 月 27 日
Adrian Mole 先生
Hoi Polloi Inc
1313 Wisteria Lane
Richmond，KS 66067

致：Adrian Mole 先生
产品工程与营销副总裁

Adrian 先生：

如您所知，成本管理已经成为我们 A 公司成功的关键要素。为了实现我们的成本管理目标，我们也知道让我们的关键供应商参与其中是至关重要的。为此，A 公司正在努力寻找对我们的关键供应商进行整合以改善整个供应链绩效的新方法。通过管理我们的成本并共同根除低效率，我们双方的公司都将实现可持续的竞争优势，在竞争日益激烈的市场中立于不败之地。

我们将举办一系列由各方面专家主持的研讨会，以推动我们的关键供应商与各品类管理团队协作开展成本管理项目。作为我们的关键供应商之一，我们邀请您参加其中一个研讨会。

这一项目基于安克莱萨里亚（Anklesaria）的 AIM & DRIVE 方法，这种方法能够使我们共同开发、评估和实施成本削减（流程改善）的措施。AIM & DRIVE 是一种经实践证明有效的协作方法，已经在无数的世界级公司中进行了实施。这一流程可以利用我们的供应链内在的知识来开发双赢的、全面的成本解决方案。

这一项目将按下列四个阶段进行：

1. 概述 / 认可会议：为期 1 个小时的电话会议，对本项目、AIM & DRIVE 流程、需要的资源进行概述，并澄清所有的问题和担忧。
2. 培训会议：为期 2 个小时的电话会议，对参会者进行 AIM & DRIVE 流程培训，并交流战略制定前的活动以及后续步骤。
3. 战略制定会议：为期 1 天的面对面会议，制定成本管理战略。
4. 实施并验证行动计划：定期召开电话会议，以监控绩效、强化战略、记录成果。

能够为您提供我们认为非常卓越的项目，我们感到非常荣幸，我们相信，这一项目不会浪费您的时间和资源。在此先感谢您对 A 公司做出的贡献。敬候你参加这一项目。

谨启

Rick Ponting
A 公司采购副总裁

附件：

图 10.3 邀请供应商参加 AIM & DRIVE 会议的邀请函样本

在团队填写完工作表后，他们的战略就被上传到网站相应的分类文件夹中。在每一个分类中，都应该为每一位供应商建立一个文件夹，在这个文件夹中列出不同的项目。在召开首次面对面的战略制定会议后，团队可能会决定在远程继续完成工作。在电话会议中，团队领导者可以打开已有的工作表，随着讨论的进行，在线修改各种表格，并存储到数据库中。除了工作表之外，项目协调人要将电话会议和面对面会议的纪要、记录节约金额的表格、发表的声明、绘制的图形、新的规范、路线图以及任何以后能够用来追踪团队决策过程的信息归档。请记住，这样做的目标是让一个人的知识变成许多人的知识。想一想，如果你打算在一个项目进行到半途中时加入一个新的品类团队，或者加入一个新团队去推广另一个团队的工作，你会希望看到什么。

10.2.2　为团队推广其做法提供激励

尽管你付出了很大的努力来建立一个用户友好、信息丰富的数据库，但有些人仍然会发现难以查看其他团队的战略。那么，来自液晶显示器或印刷电路板品类的团队为什么要查看营销印刷品团队的战略呢？也许他们可以找到能够加以利用的经验和做法。在一家公司中，营销印刷品团队想到了一种战略，在将大尺寸的纸张裁切成特定小尺寸的纸张时，这一战略能够更好地利用大尺寸纸张。这一做法后来被负责印刷电路板的团队利用了。液晶显示器团队也不甘示弱，他们利用同样的方法使玻璃嵌板的利用率提高了 12%——玻璃嵌板是显示器中最大的成本要素之一。

一些公司为团队提供了金钱上的激励，鼓励他们主动与其他团队联系，分享可以推广的想法。或者，如果金钱上的激励行不通，那么主动与其他团队分享其战略的团队可以从其他团队当年超过其目标成本节约额的部分中提取一部分。让我们看一看巴西 Campinas 公司的设备维护团队的例子，他们利用一种方法使某一项目节省了 16 万美元，而在全球的推广中，为公司总共节约了 8500 万美元。毫无疑问，如果他们主动与其遍布世界各地的同事分享其做法，那么他们就应该为此获得奖励。

10.2.3 召开分享做法的会议

优秀的领导者应该能够鼓励他或她的团队向其他团队学习。与我合著《零基定价》(*Zero Base Pricing*)一书的沃伦·诺奎斯特(Warren Norquist,宝丽来公司采购副总裁)习惯于每月与其团队共进一次自备午餐(brown bag lunch)的会议。会议没有议题安排,只是为了让团队与其同事分享各种成本管理战略。诺基亚公司将团队带到寒冷的北极,让团队在温暖的桑拿室中分享其经验与成功的故事。如何分享经验并不重要,重要的是领导者要组织一些活动,鼓励团队聚在一起,开心一下,同时与同事们分享他们的成功与挫折。有时候,供应商也应邀分享他们的流程体验(不是战略细节)。他们可以给客户公司带来许多建设性的反馈。在 AIM & DRIVE 会议前一天的晚餐中,德州仪器公司会邀请一家参与过这一流程的供应商对将要参与这一流程的供应商发表演讲。这样做的目的不是要让供应商分享其所有的成本细节以及如何对这些成本进行管理,而是分享他们在这一过程中积累的经验以及遭遇的挫折。在我听过的演讲中,我注意到人们都会提到一件事:供应商总是把"我们没有早点儿这样做"列为其最后悔的事情之一。

正如我所说的,做法并不限于突破性的成本解决方案。在某些分享做法的会议上,我们认识到了正确地选择项目、邀请恰当的供应商、召集适当的人选以及抱有正确的态度是多么重要。

10.2.4 利用 Web 2.0 技术,强化对突破性做法的沟通

随着技术的快速发展,你必须随时准备好利用最新的技术在供应商中分享成功的故事。在写作本书的时候,我的朋友、同学沙比尔·巴蒂亚(Sabeer Bhatia,Hotmail 的创始人)正在创办一家名为 Blogeverywhere.com 的新公司。第一次听到 Web 2.0 的时候,我并不了解这种技术,也不知道博客的威力。对这些技术了解得越深入,我越相信这些技术可以大量应用于在供应链中推广各种做法。

在前面我曾经说过,即使拥有了最好的知识管理工具和网站,人

们也只会浏览他们自己的 AIM & DRIVE 项目，很少有人会浏览其他项目。现在到了利用技术手段将一些做法推送给潜在受益者的时候了。作为各团队间的沟通媒介，电子邮件已经过时了。今天，利用 Blogeverywhere.com、RSS（Really Simple Syndication）等技术，我们可以将定期变化的内容自动发送到用户的计算机上。人们要做的就是指定某个人负责监控 AIM & DRIVE 数据库并附上相关的战略，发送给可能用到这些战略的团队。如果你是一名经过授权的成本管理团队的成员，你就可以从 Blogeverywhere.com 免费下载这些文件。你的名字将被加入到 AIM & DRIVE 成本管理人员名单中。当项目协调人认为应该发布一个战略时，那些被打上接受者标签的人就将在其浏览器的工具栏上看到一个小图标。你需要做的就是把鼠标移到小图标上，然后就能看到标题或声明的摘要。如果你有兴趣进一步阅读，可以双击图标，显示出 AIM & DRIVE 工作表、备忘录、播客、通知或其他发送给你的信息。另外，你还可以利用博客的一种功能，插入自己的意见，也可以查看其他人的意见。我相信，在不久的将来，当我们在 AIM & DRIVE 流程中对供应商进行培训时，我们可以要求他们同其关键供应商一起制定战略、填写工作表，然后添加到为其关键客户的品类经理设计的博客中供审核并采取行动。世界变得越来越小、越来越平，任何回避技术的人都会遇到麻烦。

10.3 关键成功要素

在将近 17 年的时间里，在见证了数十家公司实施 AIM & DRIVE 战略之后，我们清楚地认识到，像这样一个项目的成功取决于多种因素。下面是一些能够使这一战略在你的公司中取得成功的诀窍。

10.3.1 成功要素一：高层管理者的支持和参与

如果没有高层管理者的支持和参与,任何战略都不可能取得成功。如果高层管理者不愿意就相互协作以获得突破性的成本解决方案做出承诺，那么你最好不要白费力气。我所说的支持并不是指口头上的承诺。CEO、CFO 以及首席采购官或供应商的副总裁应该直接向各利益相关者、品类管理团队以及所有的供应商发表坚定的表明。在德州仪器公司启动 AIM & DRIVE 流程之前，董事会副主席会同位于德州达拉斯的关键业务部门的领导召开一次会议。他们都承诺尽自己最大的努力来支持这一新的计划。在 IBM，吉恩・里克特努力保证他自己和他的直接下属参加每一次 AIM & DRIVE 研讨会，即使是绕半个地球也要赶过来参加哪怕只有一天的会议，只是为了向利益相关者、团队和供应商表明这一协作流程对蓝色巨人意义重大。摩托罗拉和德州仪器公司也是如此。有人可能认为这是对宝贵的差旅费的浪费，但我可以证明，这一投资的回报可以高达百倍。

对于这样一个项目来说，高层管理者的支持是一个重要的开端，但他们的参与更加重要。在飞利浦半导体公司，团队在制定了各自的战略之后，首席运营官会从头到尾倾听他们的报告。他会提出尖锐的问题，鼓励团队跳出框框进行思考，但也总是问他们自己该如何做才能帮他们清除障碍。

10.3.2 成功要素二：供应商高层管理者的承诺

提到高层管理者的支持，我需要澄清一下，供应商的领导层也要提供支持。你自己企业中的领导者参与其中当然很好，但同样重要的是，供应商也要看到这一协作的价值。有时候，供应商只派出一名客户代表来参加 AIM & DRIVE 研讨会。这是一个信号，表明供应商参加会议只是为了取悦客户，而不是真的想降低供应链的成本。有一次，摩托罗拉公司的 AIM & DRIVE 项目经理看到只有三四名供应商的客户经理参加会议，而其运营人员一个都没有到场时，他取消了会议。后来，供应商的高层管理者收到一份通知，告诉他们会议改期了。这次，供应商的研发工程师、生产工程师、物流专家、财务人员都参加了会议，当然还有客户代表。今天，所有人都认为那一项目取得了巨大的成功，他们的战略被当成了其他团队的标杆。在惠普公司，包装品类团队会根据哪些人参加 AIM & DRIVE 研讨会来评估供应商的承诺。

10.3.3　成功要素三：拜访关键供应商

为了得到关键供应商特别是文化背景不同的供应商的全面承诺，在邀请他们参加 AIM & DRIVE 研讨会之前，派一名高级代表去拜访供应商的高层管理者是非常有用的。供应商需要搞清楚，这不是为了在下一次谈判中利用他们的开诚布公而采取的另一个花招。在召开 AIM & DRIVE 研讨会之前，德州仪器公司派出其高层经理亲自拜访日本的供应商。这样做的目的是向供应商保证：这一项目对于德州仪器公司来说非常重要。它表明德州仪器公司非常重视供应商，并希望供应商派出有能力提出建设性意见并有权实施这些想法的团队，以证明他们对项目的支持。20 世纪 90 年代，我从来没有看到过有哪家公司像日本供应商那样向德州仪器公司提供如此高层次的开放与承诺。

10.3.4　成功要素四：分享成本节约

人们经常问我这样一个问题："客户和供应商如何分享在 AIM & DRIVE 活动中节约的成本呢？"

这个问题没有标准答案。但是，肯定有某种方式来分享这些节约的成本，要不然供应商为什么要参与这种活动呢？方法之一是将记录下来的节约金额一分为二，供应商以降低价格的方式将其中一半转移给客户。在大多数情况下，事情并非如此简单。有时候，我看到客户坚持要求供应商以降低价格的形式将所有的节约都转移给自己。当供应商的价格没有竞争力，而 AIM & DRIVE 流程使其价格变得有竞争力（不是通过价格谈判，而是仅仅通过降低其生产过程中的成本）时，就会出现这种情况。还有一个例子，我记得当时正在与 IBM 的一个化学品团队合作，协助他们同其化学品和气体的主要供应商打交道。前一年，IBM 通过谈判压低了供应商的价格，而供应商能够向 IBM 证明因为这一原因而亏损了。在团队证实了供应商的数字之后，它决定先将记录下来的节约金额的一部分分配给供应商，以使其重新盈利。此后，供应商将得到节约金额的 10%，而 IBM 得到其余的 90%。这一方案再公平不过了。在这个例子中，供应商付出了大量的努力，而

IBM 则获得了比谈判价格低得多的价格，因为节约的金额已经远远超过了当初为了使供应商重新盈利而需要转移给它的金额。

10.4 成功的衡量

AIM & DRIVE 涉及业务流程的改善。它是一项战略措施，而不应该被当成是一种不惜任何代价压低价格的工具。有很多无法量化的因素需要公司的管理层去慢慢体会。我们可以借鉴全面质量管理流程的经验。一个优秀的质量项目更关注过程，而不是可度量的结果。这并不是说结果不重要，而是说如果流程非常可靠且经得起考验，那么结果几乎可以肯定是不错的。AIM & DRIVE 流程也是如此。如果团队接受了开发突破性解决方案的挑战，并按照本书讲解的方式实施了 AIM & DRIVE 流程，则肯定会取得成功。优秀的领导者不会仅仅度量实际的成本节约，而是会根据以下几个方面来衡量其团队：

- AIM & DRIVE 战略涵盖的成本占总成本的比例。
- 在会议中产生的想法数量有多少。
- 这些想法的质量如何。
- 这些想法带来了多少实际的节约。
- 该团队将其做法推广到其他产品或服务上的数量有多少。
- 主动推广到其他团队的做法有多少。
- 将 AIM & DRIVE 流程应用到自己的生产过程中的供应商有多少。
- 参与这一流程的二级和三级供应商有多少。

10.5 对成功的奖励

谁不希望因为付出了努力而得到认可或奖励呢？在 AIM & DRIVE 成本管理项目中，必须为表现杰出的团队（也包括供应商）制定一个奖励计划。有人认为，对供应商的奖励就是再给他们一份订单。也许是这样，但邀请供应商的领导者并为他们颁发一块匾额或一个证书、说几句感谢的话能花多少钱呢？不会很多——而且应该这样做。

有些公司非常具有创新性。有一次，我为德州仪器公司新加坡公司举办一个研讨班，有人告诉我那天的午餐时间会比较长。我在将近中午的时候讲完了上午的课程，然后就被一辆汽车接到了附近一家供应商的工厂。我们被带到这家工厂的食堂里，在那里，有几百名工人穿着统一的工作服正在用餐。让我吃惊的是，德州仪器公司新加坡公司的总经理以及一大群其他高级经理亲自为工人们端上饭菜。午餐期间，领导们发表了讲话，主要是感谢员工协助德州仪器公司在成本、周转时间、质量和送货方面实现了目标。这一小小的举动意义却十分重大。然后，我们一起去唱卡拉 OK。没错，你猜对了，我唱了一首弗兰克·辛纳特拉的《我的路》(*My Way*)。

用金钱来奖励团队的杰出工作是最好的一种方式。有些公司将对团队奖励的一部分与他们的表现以及在某一 AIM & DRIVE 流程中的表现挂钩。我总是建议这些公司不要只关注节约的总金额，还要考虑节约的百分比。可以留出一部分共用的资金，在达到或超过各自成本节约目标的团队（特别是那些节省成本的方法可以推广的团队）之间进行分配。

表达对团队（特别是供应商团队）的认可的更常用的方法是在供应商日（Suppliers Day）对他们进行表彰。在这类活动中，选出的供应商领导人到场在其他供应商、利益相关者和供应链专家面前接受来自客户公司总裁或 CEO 的奖励。在其他人特别是某些竞争对手面前得到表彰，供应商所拥有的这种自豪感是多少钱也买不来的。

****

现在，你应该着手应用你从本书中学到的知识了。记住，你不是一个人在奋斗。你是供应链中的一环，而供应链的目标只有一个——利用先进的技术、世界级的质量、及时的递送来满足最终客户的需求，而实现这一切的成本要低于竞争供应链的成本。祝你成功。

第八步检查清单：持续改善和优化流程

- ❑ 推广当前的战略以最大限度地利用成本节约方法。
- ❑ 对某一个关键成本驱动因素选出另一个战略选择，并继续实施这一流程。
- ❑ 选择另一个关键成本驱动因素，或者选择一个以前被认为并非关键的成本驱动因素。
- ❑ 对同一种主要成本找出另一个成本要素并持续这一流程。
- ❑ 选择另一家供应商或另一个项目执行 AIM & DRIVE 战略。
- ❑ 建立 AIM & DRIVE 数据库以存储来自各个项目的所有工作表。
- ❑ 利用 Web 2.0 和其他技术来传播成果和成功的故事。
- ❑ 在类似的产品线或服务合约中推广节约成本的做法。
- ❑ 奖励参与者在这一过程中付出的努力。

财经易文 学习的伙伴

www. ewinbook. com

书系代码	书　　名	作　者	定价
经营管理			
BM001	《并购成长》(Digital Deals)	Geis	29. 80
BM002	《绩效！绩效！》(企业培训版) (Coaching for Improved Performance)	Fournie	39. 80
BM003	《质量无泪》(Quality Without Tears)	Crosby	39. 80
BM004	《海阔天空——我在 DELL 的岁月》	方国健	20. 00
BM005	《心时代——一个情感化的世界及其经济图景》	曹世潮	20. 00
BM006	《情境领导者》(The Situational Leader)	保罗·赫塞	18. 00
BM007	《EMBA 销售管理》(Sales Management)	Calvin	45. 00
BM008	《EMBA 财务管理》 (Finance and Accounting for Non-financing Managers)	Weston	49. 80
BM009	《EMBA 兼并与收购》(Mergers and Acquisitions)	Weston	38. 00
BM010	《EMBA 公司战略》(Corporate Strategy)	Colley	39. 80
BM011	《EMBA 创业管理》(Entrepreneurial Management)	Calvin	49. 80
BM012	《EMBA 领导艺术》(Managerial Leadership)	Topping	35. 00
BM013	《EMBA 战略营销管理》 (Strategic Marketing Management)	Parry	42. 00
BM014	《EMBA 公司治理》(Corporate Governance)	Colley 等	49. 80
BM015	《六西格玛是什么》(What is Six Sigma)	Pande	15. 00
BM016	《六西格玛基础教材》(The Six Sigma Basic Training Kit)	Juran	80. 00
BM017	《六西格玛团队实战手册》 (The Six Sigma Way Team Fieldbook)	Fande, Neuman, Cavanagh	49. 80
BM018	《六西格玛团队怎么做》(Six Sigma Team Pocket Guide)	Federico	16. 00
BM019	《杰克·韦尔奇领导艺术词典》 (Jack Welch Lexicon of Leadership)	Krames	32. 00
BM020	《杰克·韦尔奇的 29 个领导秘诀》 (29 Leadership Secrets from Jack Welch)	Slater	29. 80
BM021	《通用电气“群策群力”》(GE Work - Out)	Ulrich 等	39. 80
BM022	《顶峰》(Million Dollar Consulting)	Weiss	48. 00
BM023	《战略计划实务》(Applied Strategic Planning)	Goodstein 等	48. 00
BM024	《平衡计分卡实用指南》(Balanced Scorecard)	Paul Niven	49. 80
BM025	《战略物流管理》(Strategic Logistic Management)	Stock	80. 00
BM026	《整合——企业并购成功之道》(M&A Integration)	Schweiger	39. 80
BM027	《战略领导》(The Art and Discipline of Strategic Leadership)	Freedman	32. 00
BM028	《经理薪酬完全手册》 (The Complete Guide to Executive Compensation)	Bruce R. Ellig	65. 00

书系代码	书　　名	作　者	定 价
BM029	《突破困境的领导艺术》(Leadership When the Heat's On)	Cox, Hoover	39. 80
BM030	《朱兰自传》(Architect of Quality)	Juran	50. 00
BM031	《卓越领导》(The Extraordinary Leader)	Zenger 等	39. 80
BM032	《精益六西格玛案例》(Learning into Six Sigma)	Wheat 等	18. 00
BM033	《领袖魅力》(Executive Charisma)	Benton	39. 80
BM034	《西南航空案例》(The Southwest Airlines Way)	Gittell	49. 80
BM035	《危机领导》(Leader Shock)	Hicks	29. 80
BM036	《应变》(Agile Business for Fragile Times)	麦卡锡 等	35. 00
BM037	《绩效导向的领导力》(Results-Based Leadership)	Ulrich 等	49. 80
BM038	《企业沟通的威力》(The Power of Corporate Communication)	Argenti 等	39. 80
BM039	《贯彻执行　现在就做》(Why Can't We Get Anything Done Around Here?)	李夫顿 等	20. 00
BM040	《高效能团队领导智慧》(Leadership Lessons of The Navy Seals)	坎农 等	39. 80
BM041	《竞争性销售》(Hope is not a Strategy)	佩吉	39. 80
BM042	《丰田汽车案例》(The Toyota Way)	莱克	49. 80
BM043	《风险管理》(Risk Management)	科罗赫 等	80. 00
BM044	《团队工作》(The Work of Teams)	卡岑巴赫	39. 80
BM045	《通用电气案例》(GE Work-out)	Ulrich 等	49. 80
BM046	《质量无泪》(修订版)	Crosby	39. 80
BM047	《绩效改进 19 讲》(201 Ways to Turn any Employee Into a Star Performer)	霍利	29. 80
BM048	《人性管理》(The Uncertain Art of Management)	奥斯曼	39. 80
BM049	《透明管理》(The Transparency Edge)	佩格诺	29. 80
BM050	《成本改进 181 法》(A Manager's Guide to Creative Cost Cutting)	大卫·杨	29. 80
BM051	《直觉》(The Art of What Works)	杜根	39. 80
BM052	《劣势者的优势》(The Underdog Advantage)	莫里	39. 80
BM053	《精益六西格玛服务》(Lean Six Sigma for Service)	乔治	55. 00
BM054	《活学活用博弈论》(Game Theory At Work)	米勒	39. 80
BM055	《巅峰绩效》(Peak Performance)	卡岑巴赫	39. 80
BM056	《丰田汽车:精益模式的实践》(The Toyota Way Fieldbook)	莱克 等	65. 00
BM057	《什么是公司治理》(What is Corporate Govermance)	科利 等	18. 00
BM058	《MBA 名校的 10 堂课》(What the Best MBAs Know)	纳瓦洛	49. 80
BM059	《现代企业管理教程》(Understanding Business)	尼科尔斯 等	50. 00
BM060	《领导艺术》(The Art of Leadership)	曼宁 等	50. 00
BM061	《产品生命周期管理》(Product Lifecycle Management)	格里夫斯	49. 80
BM062	《创新从头开始》(What customers want)	伍维克	29. 80
BM063	《创新引擎》(Fast Innovation)	George	39. 80

书系代码	书　名	作　者	定 价
BM064	《苹果电脑案例》(The Apple Way)	Cruikshank	39.80
BM065	《企业外包实务》(The Manager's Step-by-Step Guide to Outsourcing)	Dominguez	29.80
BM066	《重塑创业精神》(Lead Like an Entrepreneur)	桑伯里	45.00
BM067	《顾客导向》(The Outside-In Corporation)	邦德	39.80
BM068	《定价与收益优化》(Pricing and Revenue Optimization)	菲利普斯	60.00
BM069	《笑梁山》	陈实	35.00
BM070	《价值流管理:面向全局供应链的精益方法》	多尔斯麦思卡罗	43.00
BM071	《新企业所得税法与会计准则比较分析》	张炜	68.00
BM072	《丰田产品开发体系》	摩根,莱克	60.00
BM073	《联想:中国 IT 企业国际化品牌行销之道》	周锡冰	39.80
BM074	《每秒千桶》(A Thousand Barrels a Second)	特扎基安	39.80
BM075	《活学活用丰田生产方式》	田鹏	26.00
BM076	《什么是精益》(Lean Production Simplified)	丹尼斯	35.00
BM077	《纳税会计》	张炜	46.00
BM078	《精益办公价值流》(The Complete Lean Enterprise)	凯特,劳克尔	35.00
BM079	《超越平衡计分卡》(Beyond the Balanced Scorecard)	布朗	39.80
BM080	《超越约束理论》(Beyond the Theory of Constraints)	莱文森	35.00
BM081	《精益企业文化》(Creating a Lean Culture)	曼恩	39.80
BM082	《银行供应链金融》	汤曙光,任建标	45.00
经济学			
E-001	《中国经济》(Chinese Economy)	蔡昉,林毅夫	39.80
E-002	《宏观经济学》(Macroeconomics)	Dornbusch	60.00
E-003	《经济学》(Economics)	McConnell,Brue	79.00
E-004	《微观经济学》(Microeconomics and Behavior)	Frank	65.00
E-005	《环境经济学》(Introduction to Environmental Economics)	Field 等	50.00
E-006	《财富的诞生》(The Birth of Plenty)	Bernstein	49.80
E-007	《ArcView GIS® 与 ArcGIS® 地理信息统计分析》(Statistical Analysis of Geographic Information with ArcView GIS® and ArcGIS®)	David Wong 等	58.00
E-008	《MBA 宏观经济学》(Macroeconomic Patterns and Stories: A Guide for MBAs)	里默	55.00
管理学			
MT001	《战略物流管理》(Strategic Logistic Management)	Stock	80.00
MT002	《物流战略咨询》(Supply Chain Strategy)	Frazelle	49.80
MT003	《组织人员配置》(Staffing Organization)	Heneman, Judge	
MT004	《战略管理》(Strategic Management)	Dess 等	40.00

书系代码	书　　名	作　者	定　价
MT005	《数据模型与决策：运用电子表格建模与案例研究》(第1版)(Introduction to Management Science)	Hillier 等	75.00
MT006	《数据模型与决策：运用电子表格建模与案例研究》(第2版)(Introduction to Management Science)	Hillier 等	75.00
MT007	《电子商务导论》(Introduction to E-Commerce)	雷波特 等	58.00
MT008	《供应链设计与管理》(Designing and Managing The Supply Chain)	辛奇—利维 等	40.00
MT009	《管理学基础》(Management)	克尼基 等	48.00
MT010	《定价》(Pricing)	门罗	65.00
MT011	《精通战略》(Mastering Strategy)	雷格斯比 等	39.80
MT012	《战略采购管理》(Harnessing Value in the Supply Chain)	班菲尔德	39.80
MT013	《逆向管理》(Don't Oil the Squeaky Wheel)	Rinke	39.80
MT014	《跨国管理》(Transnational Management)	Bartlett 等	79.80
MT015	《运营管理》(Matching Supply with Demand)	Cachon 等	50.00
MT016	《供应链与价值网创新企业案例》	任建标	35.00
MT017	《数据模型与决策：运用电子表格建模与案例研究》(第3版)(Introduction to Management Science)	Hillier 等	79.00
MT018	《供应链管理》(Supply Chain Management)	李令遐	42.00
MT019	《服务运作管理》(Services Management)	范·路易	65.00
MT020	《儒家思想与中国商务》(Confucianism and Business Practices in China)	刘芊	116.00
MT021	《供应链成本管理》(Supply Chain Cost Management)	安克莱萨里亚	35.00
营销管理			
MM001	《定位》(Positioning)	Ries & Trout	39.80
MM002	《营销战》(修订版)(Marketing Warfare)	Ries & Trout	39.80
MM003	《营销革命》(Bottom-up Marketing)	Ries & Trout	39.80
MM004	《新定位》(The New Positioning)	Trout	39.80
MM005	《颠覆广告》(Disruption)	让—马贺·杜瑞	40.00
MM006	《创意的竞赛》(Which Ad Pulled Best?)	Purvis	39.80
MM007	《广告文案名人堂》(The Art of Writing Advertising)	Higgins	29.80
MM008	《产品经理的第一本书》(The Product Manager's Handbook)	Gorchels	39.80
MM009	《全球整合营销传播》(Communicating Globally)	舒尔茨	39.80
MM010	《整合营销传播：利用广告和促销建树品牌》(IMC：Using Advertising and Promotion to Build Brands)	Duncan	298.00
MM011	《市场战略》(The Market Makers)	Spulber	48.00
MM012	《全球营销》(Global Marketing)	乔尼·约翰逊	60.00

书系代码	书名	作者	定价
MM013	《网络营销》(Internet Marketing)	默罕默德 等	65.00
MM014	《产品经理的第二本书》(The Product Manager's Field Guide)	Linda Gorchels	39.80
MM015	《营销学基础》(Essentials of Marketing)	佩罗特,麦卡锡	60.00
MM016	《文案发烧》("Hey, Whipple, Squeeze This.":A Guide to Creating Great Ads)	苏立文	39.80
MM017	《小鱼吃大鱼》(Eating the Big Fish)	摩根	45.00
MM018	《什么是战略》(Trout On Strategy)	特劳特	29.80
MM019	《整合营销传播:创造企业价值的五大关键步骤》(IMC: the Next Generation)	唐·舒尔茨 等	39.80
MM020	《促销管理的第一本书》	Schultz	39.80
MM021	《广告箴言》(And Now a Few Words From Me)	加菲尔德	29.80
MM022	《营销计划手册》(The Successful Marketing Plan)	赫宾 等	68.00
MM023	《渠道管理的第一本书》(The Manager's Guide to Distribution Channels)	哥乔斯 等	35.00
MM024	《项目管理的第一本书》(The McGraw-Hill 36 – Hour Project Management)	库克,塔特	
MM025	《细读杰克·韦尔奇》	Krame, Slater	39.80
MM026	《品牌资产管理》(Brand Asset Management)	戴维斯	39.80
MM027	《互愿营销》(Opt-In Marketing)	罗曼 等	39.80
MM028	《小技巧　大销售》(401 Killer Marketing Tactics)	费尔藤斯坦	39.80
MM029	《作业成本管理的第一本书》(Common Cents)	特尼	39.80
MM030	《产品经理手册》(The Product Manager's Handbook)	哥乔斯	55.00
MM031	《商战》(20 周年纪念版)(Marketing Warfare)	Ries & Trout	68.00
MM032	《博客营销》(Blog Marketing)	Jeremy Wright	39.80
MM033	《品牌驱动力》(Building the Brand-Driven Business)	戴维斯,邓恩	39.80
MM034	《定价的艺术》(The Art of Pricing)	Mohammed	29.80
MM035	《营销 7 堂课》(Mastering Marketing)	罗斯金－布朗	39.80
MM036	《心战之地:存亡之道,不可不察. 第 1 卷》	刘松涛	39.80
MM037	《游击营销调研》(More guerrilla marketing research)	卡登,林达 等	55.00
MM038	《心战法则:攻城为下,攻心为上. 第 2 卷》	刘松涛	68.00
销售管理			
SM001	《成功销售管理的 7 大秘诀》(7 Secrets to Successful Sales Management)	Wilner	39.80
SM002	《电话行销,轻松成交》	姚能笔	39.80
SM003	《摸透顾客心》(Ten Demandments)	Mooney Bergheim	39.80
SM004	《练就铁齿铜牙》(Secrets of Power Persuasion for Salespeople)	Dawson	39.80
SM005	《轻松收款》(Collections Made Easy)	卡罗尔	39.80

书系代码	书　　名	作　者	定 价
SM006	《打倒墨菲定律　挽救我的销售》(Beating the Deal Killers)	Giglio	39. 80
SM007	《增加销售的 12 种核心技术》(Beyond E)	Diorio	39. 80
SM008	《销售管理》(Sales Force Management)	Johnston 等	49. 00
SM009	《汽车销售的第一本书》	孙路弘	39. 80
SM010	《终极销售力》(Ultimate Selling Power)	莫伊,洛伊德	39. 80
SM011	《顶尖销售的 25 堂课》(Secrets of Top Performing Salespeople)	乔诺 等	29. 80
SM012	《引爆销售的 10 大黄金法则》	Desena	39. 80
SM013	《再造销售奇迹》	Eades	39. 80
SM014	《攻心式销售》	Bosworth	24. 80
SM015	《百万销售师》	Gardner	24. 50
SM016	《成交》	Victor	29. 80
SM017	《直销经理的第一本书》(Making Millions in Direct Sales)	马拉汉 等	39. 80
SM018	《直销 37 计》(The Ultimate Guide to Network Marketing)	乔·鲁比诺	39. 80
职场发展			
CD001	《外企面试宝典》(More Best Answers to the 201 Most Frequently Asked Interview Questions)	DeLuca	25. 00
CD002	《人才心理测评》(Psychological Testing at Work)	Hoffman	25. 00
CD003	《演讲的艺术》(Strictly Speaking)	Buckley	29. 80
CD004	《五大会计师行》	周年洋 等	24. 80
CD005	《职业经理自修手册》(The Manager's Self-development Guide)	Pedler	35. 00
CD006	《关键对话》(Crucial Conversations)	Patterson 等	29. 80
CD007	《静思录》(Finding Your Strength in Difficult Times)	David Viscott	19. 80
CD008	《商务英语书信写作精益求精篇》	康宁汉 等	29. 80
CD009	《商务人士日常书信写作》(Great Personal Letters for Busy People)	布赫	48. 00
CD010	《销售信函》(Sales Letters Ready to Go)	贝塞尔 等	32. 00
CD011	《商务信函》(Business Letters Ready to Go)	Bayse	39. 80
CD012	《我爱笨老板》(How to Work for an Idiot)	胡佛	29. 80
CD013	《实用英语动词短语》(Basic Phrasal Verbs)	斯皮尔斯	35. 00
CD014	《赛马》(Horse Sense)	里斯,特劳特	29. 80
CD015	《报刊装帧设计手册》(The Newspaper Designer's Handbook)	哈洛维	128. 00
CD016	《君子善言》(Speak Like a CEO)	贝茨	32. 00
CD017	《脱颖而出》(Shine)	汤普森	29. 80
CD018	《量子飞跃》	谢尔顿,刘芊	29. 80
CD019	《纳米说服力》	姚能笔	29. 80

书系代码	书　　名	作　者	定 价
CD020	《你就是品牌》(U R a Brand!)	卡普塔	29.80
CD021	《关键60秒——轻松赢面试》(The First 60 Seconds)	伯恩斯	35.00
CD022	《争论的十大金律》(How to Argue)	赫林	25.00
投资理财			
IF001	《赢得"输家的游戏"》(Winning the Loser's Game)	Ellis	29.80
IF002	《向格雷厄姆学思考,向巴菲特学投资》(How to Think Like Benjamin Graham and Invest Like Warren Buffett)	Cunningham	39.80
IF003	《巴菲特怎样选择成长股》(How to Pick Stocks Like Warren Buffett)	Vick	29.80
IF004	《最后的合伙人》(The Last Partnership)	Geisst	29.80
IF005	《财务报表分析与证券定价》(Financial Statement Analysis and Security Valuation)	Penman	98.00
IF006	《技术分析》(Technical Analysis Explained)	Pring	80.00
IF007	《技术分析A-Z》(Technical Analysis from A to Z)	Achelis	55.00
IF008	《股票价值评估》(Valuing a Stock)	Gray 等	39.80
IF009	《蜡烛图精解(第3版)》(Candlestick Charting Explained)	Morris	60.00
IF010	《技术分析习题集》(Study Guide for Technical Analysis Explained)	Pring	25.00
IF011	《股票市场的时机选择》(Timing the Stock Market)	亚历山大	48.00
IF012	《最佳卖出点》(It's when You Sell that Counts)	卡西迪	39.80
IF013	《股市名言》(Buy the Rumor, Sell the Fact)	麦洛	29.80
IF014	《向格雷厄姆学思考,向巴菲特学投资》(修订版)	Cunningham	39.80
IF015	《华尔街投资银行史》	Geisst	49.80
IF016	《信用风险:度量与管理》	瑟维吉尼	65.00
IF017	《财务报表分析与证券定价》(第二版)(Financial Statement Analysis and Security Valuation)	Penman	98.00
IF018	《信用评分模型技术与应用》	陈建	60.00
IF019	《现代信用卡管理》	陈建	80.00
IF020	《标准普尔教你做好个人理财》(The Standard & Poor's Guide to Personal Finance)	道尼	25.00
IF021	《标准普尔教你做好第一笔投资》(The Standard & Poor's Guide for the New Investor)	马蒂夫	25.00
IF022	《标准普尔教你做好长期投资》(The Standard & Poor's Guide to Long-Term Investing)	提格	20.00
IF023	《股市法则》(Stock Market Rules)	沙伊莫	29.80
IF024	《股指期货100问》	中国国际期货武汉研究中心	25.00

书系代码	书　　名	作　者	定价
IF025	《巴菲特选股魔法》	洪瑞泰	25.00
IF026	《发现机会》(Discover the Upside of Down)	科比	39.80
IF027	《对冲基金经理笔记》(Money Mavericks:Confessions of a Hedge Fund Manager)	克罗耶	39.80

(具体数据以出书为准)